COLEÇÃO
APROVADOS
Aprenda com quem
tem história para contar

DEFENSORIA PÚBLICA DA UNIÃO

Guia completo sobre como se preparar para a carreira

QUEZIA CUSTÓDIO

DEFENSORIA PÚBLICA DA UNIÃO

Guia completo sobre como se preparar para a carreira

2017

www.editorajuspodivm.com.br

EDITORA
***Jus*PODIVM**
www.editorajuspodivm.com.br

Rua Mato Grosso, 175 – Pituba, CEP: 41830-151 – Salvador – Bahia
Tel: (71) 3363-8617 / Fax: (71) 3363-5050 • E-mail: fale@editorajuspodivm.com.br

Copyright: Edições *Jus*PODIVM

Conselho Editorial: Dirley da Cunha Jr., Leonardo de Medeiros Garcia, Fredie Didier Jr., José Henrique Mouta, José Marcelo Vigliar, Marcos Ehrhardt Júnior, Nestor Távora, Robério Nunes Filho, Roberval Rocha Ferreira Filho, Rodolfo Pamplona Filho, Rodrigo Reis Mazzei e Rogério Sanches Cunha.

Diagramação e Capa: Marcelo S. Brandão (*santibrando@gmail.com*)

D313   Defensoria Pública da União / Quezia Custódio – Salvador: Editora JusPodivm, 2017.
256 p. (Aprovados)

ISBN 978-85-442-1273-8

1. Provas. 2. Ministério Público Federal. 3. Didática - Métodos de ensino instrução e estudo. 4. Métodos de estudo (para casa, livro de anotações, relatórios escritos. 5. Motivação. 6. Orientação vocacional e profissional. I. Custódio, Quezia. II. Título.

CDD 371.425

Todos os direitos desta edição reservados à Edições *Jus*PODIVM.

É terminantemente proibida a reprodução total ou parcial desta obra, por qualquer meio ou processo, sem a expressa autorização do autor e da Edições *Jus*PODIVM. A violação dos direitos autorais caracteriza crime descrito na legislação em vigor, sem prejuízo das sanções civis cabíveis.

A Deus, por sua maravilhosa graça e bondade.

A meus familiares, por todo o apoio durante os estudos.

Aos amigos Manoela Lamenha, Vanessa Machado, Lorenna Falcão, Álvaro Veras e Yuri Costa pelos depoimentos inspiradores.

Agradeço ainda a todos os alunos e incentivadores que permitiram que esta obra possa existir.

Ser sábio é melhor do que ser forte, o conhecimento é mais importante do que a força. Afinal, antes de entrar em uma batalha é preciso planejar bem, e, quando há muitos conselheiros, é mais fácil vencer.

Provérbios 24: 5-6

APRESENTAÇÃO DA COLEÇÃO

O principal propósito da *Coleção Aprovados* é direcionar você, leitor, que se prepara para uma carreira pública, com informações e dicas de quem já foi aprovado.

Notamos que a trajetória do concurseiro até a aprovação normalmente envolve etapas que costumam se repetir em quase todas as preparações, quais sejam:

– a decisão pelo concurso;

– o começo dos estudos;

– a temida fase "fiquei por uma questão";

– a possível vontade de desistir;

– aprovação na primeira fase;

– estudos e aprovação na segunda fase;

– preparação e o dia da prova oral;

– aprovação, finalmente!;

– nomeação e posse.

E, fazendo uma associação entre essa constatação e a famosa frase de Robert Baden-Powell no sentido de que *"não existe ensino que se compare ao exemplo"*, compreendemos a importância de reunir em livros relatos e dicas de preparação de profissionais aprovados nas mais diversas carreiras públicas (em excelentes colocações) a respeito do que fizeram, como estudaram e como superaram cada fase da preparação até a nomeação e posse.

Dessa forma, cada título da *Coleção* tem como foco uma carreira, da qual foi selecionado um profissional/autor que trata das etapas mencionadas no formato "depoimento" ou "entrevista", a depender do autor.

Em outras palavras, em cada capítulo do livro você poderá se sentir mais próximo de seu sonho, ao ver que a batalha para a posse, apesar de ser uma árdua caminhada, é possível de ser vencida.

A expectativa, enfim, desta *Coleção* é expor os caminhos pelos quais passou alguém que um dia desejou o que você, leitor, deseja agora.

Aproveitem e boa leitura a todos!

Mila Gouveia
Coordenadora da coleção

Mestranda em Direitos Fundamentais. Pós-graduada em Direito Público.
Advogada. Professora e Coordenadora de cursos jurídicos.
Apresentadora do *Fique por dentro dos Informativos STF/STJ*
da Editora Juspodivm.
Criadora do canal "Mila Gouveia" no YouTube.

SUMÁRIO

I. O COMEÇO DOS ESTUDOS 13

II. A TEMIDA FASE DO "FIQUEI POR UMA QUESTÃO" E A POSSÍVEL VONTADE DE DESISTIR 43

III. APROVADO PARA A SEGUNDA FASE 51

IV. APROVADO PARA A ORAL 77

V. APROVAÇÃO FINAL, NOMEAÇÃO E POSSE 119

VI. A CARREIRA E SUAS PERSPECTIVAS 129

VII. DEPOIMENTOS DE COLEGAS DE CARREIRA 163

   Yuri Costa 164

   Vanessa Machado 170

   Álvaro Veras 179

   Lorenna Falcão 185

   Manoela Lamenha 188

MENSAGEM FINAL 193

ROTEIRO DOS LIVROS 199

ANEXOS 205

   Cronograma I 205

   Cronograma II 207

Anexo III 210
    Modelo para quem dispõe de um dia completo para estudos 210
    Modelo para quem dispõe apenas do período noturno ... 212
Anexo IV 215
Anexo V 216
Anexo VI 216
Anexo VII 217
Cronograma VIII 218
Anexo IX 221
Anexo X 222
Anexo XI 223
Anexo XII 234
Anexo XIII 243
Anexo XIV 245

I

O COMEÇO DOS ESTUDOS

Quando fui convidada para escrever este livro, pensei em como o faria, como poderia ajudar aquelas pessoas que, como eu, optaram pela vida de concurso público. Depois disso, meu segundo pensamento foi em como conversar de maneira aberta; não como orientadora, mas como alguém que efetivamente sabe como é a dor da reprovação e como é gratificante a alegria da aprovação.

Inicialmente, meu conselho para quem não sabe se deve ou não realizar concurso é: faça primeiro uma reflexão!

Essa reflexão inicial é o primeiro passo de tudo.

Como uma casa que precisa de uma base para que não seja derrubada, a opção por uma determinada carreira pode mudar completamente a sua vida.

Alguns fazem concurso pela remuneração, outros o fazem pela estabilidade, uma grande parte pelo sonho.

Pense em você, daqui a alguns anos e reflita: o que me motiva para alcançar a carreira? Quais são meus objetivos a longo prazo? O que estou disposto a enfrentar para atingir minha meta?

Essas são algumas perguntas essenciais e precisam de uma resposta sincera. Isso porque, a motivação na esfera de um concurso público é indispensável para que o concurseiro se mantenha focado em direção a alcançar o resultado.

Eu me recordo que certa vez estava vendo um canal esportivo e, nesse dia, fizeram uma entrevista com um atleta do tênis e o questionaram como ele alcançou vitórias em tantos torneios sendo tão novo e ele disse uma frase fantástica: "Nenhum sacrifício é grande demais quando se quer muito alguma coisa".

E essa é uma frase que sempre guardei comigo.

Desde que entrei na universidade, meu objetivo sempre foi prestar concurso público.

No começo, essa decisão foi pautada por critérios de estabilidade profissional e financeira, mas já no quinto período de faculdade, eu percebi que gostar do que você faz é o verdadeiro motivo que deve guiar a sua escolha.

---

1. Imagem retirada do blog de Kleber Nóbrega. Disponível em: https://klebernobrega.com/2012/07/16/a-diferenca-entre-objetivos-e-metas/. Acesso em 8 de junho de 2016.

Aristóteles[2], por exemplo, dizia que "*a felicidade é, pois, a melhor, a mais nobre e a mais aprazível coisa do mundo*".

Assim, pautar a escolha do que exercer, por este critério, permite que a caminhada seja mais gratificante.

Comecei meus estudos para concurso já na faculdade, na área técnico-administrativa, a qual exigia apenas o nível médio.

Depois de algumas reprovações, eu consegui ser aprovada, ainda na faculdade, para o concurso de técnico do Tribunal de Justiça do Estado do Maranhão e, quando estava no 10º período de faculdade, fui confrontada com uma escolha difícil.

Existem várias etapas do sofrimento concurseiro, a primeira delas é estudar com afinco, mesmo diante de inúmeras dificuldades; a segunda é passar no certame; e a terceira é a luta para ser nomeado e tomar posse no tão sonhado cargo.

Eu havia estudado demais, havia passado e fui nomeada para o concurso de técnico, até aí, tudo bem e tudo feliz, mas a nomeação era para o interior do Maranhão, o que iria inviabilizar a conclusão do curso de Direito.

Nesse momento, as dúvidas perpassaram meu coração de maneira significativa.

Concluir o curso, pedir fim de fila e tentar outras provas, ou assumir o cargo e depois tentar ver quando terminaria a universidade.

Não foi fácil!

O apelo financeiro é algo que é difícil de negligenciar, principalmente, quando verificamos o quanto é duro conseguir ser aprovado.

---

2. ARISTÓTELES, Coleção os Pensadores: Ética a Nicômaco. Nova Cultural: São Paulo, 1991, p. 9.

Fiz todos os exames médicos e, quando estava próximo o dia da posse, eu me deparei com uma frase de Jean-Paul Sartre que dizia: *"Viver é isso: ficar se equilibrando o tempo todo, entre escolhas e consequências".*

As nossas escolhas realmente definem o rumo que vamos traçar e eu decidi prosseguir com meus estudos acadêmicos.

Depois de concluir o curso de Direito, comecei a trabalhar e a estudar para concursos de analista e da Defensoria Pública. Contudo, como este livro é voltado para a DPU, vou pular a parte do concurso de analista do Tribunal Regional Federal da 5ª Região, para ter um enfoque mais específico no certame da Defensoria.

Meu primeiro concurso de Defensoria Pública foi a DPE-MA, eu trabalhava na época, então, tive que conciliar o trabalho com os estudos.

Minha rotina para esse certame foi extremamente desgastante.

Eu não montei uma estratégia para essa prova, porque achava que o tempo seria limitado, então, eu basicamente lia a lei e a doutrina que me vinham na cabeça durante as minhas horas livres. Por consequência, sem organização, o resultado não poderia ser outro, além da reprovação.

Meu segundo concurso para a Defensoria Pública foi a DPE-PR e eu ainda não tinha aprendido a ter uma regra básica, chamada ESTRATÉGIA.

Nesse período, eu não via que o problema era a falta de organização, eu pensava que deveria inserir em cada minuto do meu dia algum assunto relacionado com a área de Direito. Amarga ilusão!

Com um tempo bem curto, pois trabalhava oito horas por dia, eu resolvi fazer um cursinho.

Meu tempo estava dividido da seguinte forma:
- 8h às 18h – trabalho;
- 19h às 22h – cursinho;
- 23h às 3:30h – dormir;
- 3:40h às 7:10h – estudar.

Havia dias que eu estava tão cansada que eu não me lembrava sequer do que tinha lido, mas eu pensava que manter esse ritmo iria dar certo.

No primeiro certame, fiquei reprovada por 7 (sete) questões. Na DPE-PR, eu consegui evoluir, mas reprovei por 5 (cinco) questões.

Eu sofri muito, sacrifiquei-me bastante e não obtive o resultado esperado e foi aí que eu percebi que deveria mudar a estratégia para conseguir ganhar o jogo.

Passei a estudar 6 (seis) horas por dia, após o expediente laboral, nos dias normais de semana, e a estudar 10 (dez) horas, no sábado, e 5 (cinco) horas no domingo.

E, por incrível que pareça, consegui ainda ter uma pequena vida social.

Eu sempre gostei de esportes, de cinema, dos meus amigos, de namorar, de ir à igreja, então, eu nunca deixei de fazer as coisas que gostava, mas é claro que em menor proporção.

Eu ia para academia 3x por semana, porque eu sempre senti que a atividade física estimulava a minha concentração. Também jogava vôlei e aproveitava outras atividades de lazer de maneira esporádica.

Nunca me afastei de meus amigos e familiares, apesar de conceder a eles, apenas pequenos espaços, muito menos do que eu gostaria na época. Contudo, na minha cabeça sempre me recordava da frase que citei acima: *"nenhum sacrifício é grande demais, quando se quer muito alguma coisa".*

Depois dessas experiências, montei meu primeiro cronograma de estudos (Vide Cronograma I).

Na esteira da análise de meu primeiro quadro de estudos, uma grande falha inicial que cometi foi a de não ter concedido intervalos entre as matérias, o que sempre me deixava extenuada ao fim de cada dia de conteúdo, pois como boa parte daqueles que estarão fazendo essa leitura, eu tinha que conciliar o trabalho pela manhã e pela tarde com os estudos a noite.

Outro ponto que me prejudicou nessa fase inicial foi a ausência de estudos de doutrina, de jurisprudência e de questões, pois meu cronograma todo era baseado no estudo puro e sintético da lei seca.

Ademais, sequer fazia a averiguação da banca examinadora, pois continuava a não ter uma visão macro do mundo de concursos, ou seja, insistia no pensamento de que a simples análise das disciplinas seria suficiente para permitir a minha aprovação.

Ocorre que depois de mais uma prova malsucedida, eu tive como um estalo de consciência e, finalmente, resolvi estudar a avaliação a qual me submeti.

Quando analisei o certame, percebi que, na primeira fase, a incidência de lei seca foi de 50%, jurisprudência e súmulas 35% e doutrina 15%.

E, nesse momento, pude observar como o conhecimento é transformador, pois a partir do instante em que pesquisei essa avaliação, coisa que eu já deveria ter feito desde o início, percebi como eu estava estudando de forma completamente equivocada.

Ora, o estudo apenas da norma jurídica fazia com que o meu conhecimento ficasse extremamente limitado apenas a um dos espaços contemplados no concurso, mas esquecia as outras vertentes, as quais também eram cobradas e que eu desconhecia, seja porque a doutrina tinha se limitado apenas ao período em que estava na faculdade; seja porque a jurisprudência ainda hoje é mutante, o que faz com que o conhecimento, se não for renovado, torne-se obsoleto.

Assim, a partir dessas constatações, fui alterando meu cronograma e o adaptando conforme eu verificava a sua inadequação, até achar um modelo de cronograma que entendi que se amoldava melhor a absorção do conteúdo e da abrangência do edital (vide cronograma II), pelo menos para uma primeira fase bem organizada, já com foco na segunda fase.

Eu compreendi também, ao analisar as provas das bancas que faziam os certames que, em algumas disciplinas, era indispensável ter uma base doutrinária (constitucional, penal, administrativo, civil, processo civil, processo penal, entre outras), mas que em outras (tributário, criança e adolescente, eleitoral etc.) somente o estudo da lei seca já era suficiente para a aprovação.

Assim, a divisão dos meus estudos, sempre detinha um maior espaço de tempo para aquelas disciplinas em que se fazia necessária uma atenção especial, enquanto um período mais curto era fornecido para as demais.

O cronograma que eu utilizava quando dos estudos para a DPU permitia uma divisão de disciplinas, não por blocos de estudos, o que ocorreria se houvesse a separação de matérias, por exemplo, em um primeiro mês de Constitucional, Administrativo, Penal e Processual Penal; em um segundo mês Processo Civil, Civil, Difusos e Princípios, etc.

Na verdade, sempre gostei de estudar todas as disciplinas ao mesmo tempo, porque entendia que o meu cérebro era estimulado a se adequar a absorção de um maior número de matérias e também para que eu não ficasse entediada quando fosse aprender.

Mas, eu quero enfatizar que esse é o método que entendi o mais adequado para mim, não quer dizer que seja o certo ou o melhor.

A título de exemplo, tenho alunos do *coaching* que preferem o método utilizado por mim (Cronograma II), de abarcar o estudo de várias disciplinas; mas também há estudantes que preferem que eu divida o edital em, aproximadamente, 3 ou 4 meses e que o estudo seja feito por blocos (Cronograma III).

Assim, é necessário encontrar a diretriz que mais se encaixe ao perfil de quem estuda.

Isso porque, não adianta tentar utilizar a sistemática de ver várias disciplinas em um mesmo momento se há a percepção de que a absorção do conteúdo como um todo fica prejudicada.

Do mesmo modo, não adianta adotar o estudo em blocos se houver a constatação de que sem uma visualização contumaz das disciplinas o esquecimento for verificado de maneira mais assente do que o aprendizado.

Dessa maneira, a minha dica é: encontre o método de distribuição de disciplinas que mais se adeque ao seu modo de estudar. Como disse em linhas gerais um pouco acima, a organização é indispensável para alcançar a vitória, pois um bom cronograma, montado com a boa repartição de disciplinas, com horários possíveis de serem cumpridos, gera a percepção de que a aprendizagem está sendo consolidada.

Thomas Edson[3] constatou acertadamente que *"boa sorte é o que acontece quando a oportunidade encontra o planejamento"*.

---

3. EDSON, Thomas. Pensador. Disponível em: http://pensador.uol.com.br/

Diante disso, planejar e executar o que foi organizado previamente permite que a preparação seja mais bem realizada.

Além de montar meu cronograma da forma supracitada, eu também detinha maneiras diferenciadas no estudo das disciplinas.

– Penal

Em Direito Penal, além do estudo da legislação, da jurisprudência e das súmulas, eu gostava de fazer quadros comparativos na parte geral (Anexo IV), para tentar entender a diferenciação entre os institutos e para gravar de forma mais eficaz os conceitos.

Na parte especial, o meu quadro enfocava mais todas as nuances dos crimes, tais como o bem jurídico, sujeito passivo e ativo, consumação, entre outras (Anexo V). Tentava guardar comigo as peculiaridades das figuras delitivas, com o fim de não confundir os fatos descritos nas avaliações.

– Processo Penal

Em processo penal, além dos quadros comparativos com os conteúdos mais comumente cobrados na primeira fase (ex.: inquérito policial, ação penal, competência etc.), eu gostava de elaborar molduras com os prazos recursais (Anexo VI) e esquemas para a fixação de determinado tema (Anexo VII).

– Civil e Processo Civil

A mesma metodologia adotada em penal e processo penal também foi utilizada nas disciplinas de civil e processo civil, ou seja, além do estudo da legislação, da jurisprudência e das súmulas (que são indispensáveis na preparação de todas as matérias),

autor/thomas_edison/. Arquivo: 17 de maio de 2016.

eu gostava de ter o auxílio de quadros comparativos e esquemas gráficos para fixar de forma mais visual o conteúdo e assim permitir que o assunto fosse gravado na memória com mais facilidade.

Além disso, também me preocupei com a leitura atenta dos enunciados do Conselho da Justiça Federal.

– Constitucional

Direito Constitucional é a base de todas as outras disciplinas e, por ter aspecto de fundamentalidade, não há como deixar de conferir especial cuidado com o seu estudo.

Por ser muito grande, dei preferência a leitura da Constituição Federal, da jurisprudência e de manuais esquematizados.

Percebi que se eu fosse elaborar meus próprios resumos iria despender um tempo considerável e que não entendi necessário.

Importante colimar que quem prefere perpetrar o estudo por meio da criação de seus próprios resumos dispõe de uma vantagem com relação a melhor fixação do conteúdo, mas por outro lado, açambarca muito esforço na confecção de estudo de apenas uma disciplina.

Como outrora mencionei, cada um deve achar um método que melhor se adeque ao seu perfil e, no meu caso, para a primeira fase do certame, preferi a utilização de manuais esquematizados com a explanação mais sintética e objetiva do conteúdo, pois demonstraram ser suficientes para a compreensão de todo o teor constante do edital.

– Administrativo

A disciplina de Direito Administrativo é extremamente conceitual e uma das disciplinas em que a doutrina é mais utilizada, seja por haver codificação muito esparsa, seja ainda porque a matéria é muito abrangente.

O meu estudo para essa matéria consistiu em elaborar resumos em assuntos mais importantes e de cobrança mais verificada nos certames (atos administrativos, responsabilidade civil, poderes, improbidade administrativa, etc.).

No âmbito dos resumos que estudava, dava prioridade em fixar os conceitos de cada instituto, como forma de construir uma base bem fundamentada em cada conteúdo visto.

A título de exemplo: *"Teoria do Risco Administrativo: presentes o fato do serviço e o nexo direto de causalidade entre o fato e o dano ocorrido, nasce para o poder público o dever de indenizar[4]."*

Estudar esses conceitos também foi de fundamental importância quando do momento da prova oral, o que mais a frente vai ser explanado.

– Penal Militar, Processo Penal Militar, Eleitoral e Tributário

Nessas disciplinas, não me preocupei em deter nenhum tipo de aprofundamento demasiado com o estudo de doutrina ou a elaboração de resumos, mas apenas me atrelei à análise da norma jurídica e dos julgados dos Tribunais Superiores.

Isso porque, em análise de provas anteriores, eu verifiquei que esse grupo de disciplinas não costuma cobrar do candidato conhecimento minucioso, assim pude destinar um tempo precioso naquelas disciplinas que exigiam um maior cuidado.

– Humanos, Internacional Público e Privado

Nás matérias de Humanos, Internacional Público e Internacional Privado, além de ler as Declarações de Direitos, Pactos Internacionais, Convenções e Tratados específicos dos assuntos

---

4. ALEXANDRINO, Marcelo; PAULO, Vicente. Direito Administrativo Descomplicado. 23ª ed., rev. e atual. e ampl. São Paulo: Método, 2015, p. 848.

cobrados no edital, também estudei, inicialmente, pela doutrina e, depois, por resumos sistematizados das disciplinas.

Na doutrina, na parte de Direitos Humanos, dei especial atenção para a parte histórica, além dos aspectos básicos, características e o seu fundamento.

Além disso, é indispensável estudar as decisões da Corte e da Comissão Interamericana de Direitos Humanos, em especial nos casos em que o Brasil está diretamente relacionado.

Em Internacional Privado, utilizei quadros esquemáticos, com diversos temas, tais como INCONTERMS, cooperação jurídica internacional, alimentos internacionais e aspectos civis do sequestro internacional de crianças. Note que não estou dizendo que esses são os únicos temas que devem ser estudados, o ideal é que, se houver tempo, estude-se o edital de maneira completa, mas como o tempo nunca é suficiente, resolvi priorizar esses assuntos.

Por sua vez, em Direito Internacional Público, também utilizei esquemas gráficos com as diferenças entre expulsão, extradição, deportação, refúgio e asilo; e com os diversos meios de soluções de conflito.

Desse modo, pude aprender uma gama considerável de assuntos e consegui uma visão geral de cada uma das matérias supracitadas, o que me permitiu ter um desenvolvimento satisfatório na primeira fase do certame da DPU.

– **Trabalho e Processo do Trabalho**

Nas disciplinas de Trabalho e Processo do Trabalho, na primeira fase, é suficiente a leitura da legislação agregada à visualização das súmulas e OJs que o *Vade Mecum* faz remissão.

– **Consumidor**

Além da análise do CDC, é sempre bom conferir na doutrina alguns temas de maior incidência, tais como: responsabilidade civil, prescrição, decadência, o conceito de destinatário final para fins de aplicação do CDC, fato do produto e do serviço e diferença entre direitos difusos, coletivos e individuais homogêneos.

Ademais, assim como nas outras disciplinas já mencionadas, busquei fazer quadros esquemáticos sobre os principais assuntos cobrados e as suas peculiaridades.

– Empresarial

Sendo bem sincera, sempre tive particular dificuldade em estudar empresarial.

Seja porque o conteúdo é tratado de maneira muito superficial na faculdade, seja porque as suas nuances são extremamente detalhadas, com assuntos variados dentro de seu campo de atuação e, por isso, não me aprofundei muito nessa matéria.

Fiz basicamente a leitura dos artigos do Código Civil, relacionados à área. Além disso, analisei a Lei de Falências e a Lei de Propriedade Industrial.

Na doutrina, estudei os diferentes títulos de crédito e vi os enunciados da CJF.

– Previdenciário

Essa matéria muda todo o tempo, então, sempre procurei ter atenção sobre as alterações legislativas em seu conteúdo.

Via Lei nº 8213/91, a Lei nº 8.212/91, o Decreto 3.048/99 e a Lei nº 8742/93.

Além disso, fiz resumos contendo as principais diferenças entre as espécies de segurado, fiz quadros com cada um dos benefícios para poder fixar melhor cada um deles e li todas as súmulas da TNU.

– Princípios Institucionais da Defensoria

A disciplina de Princípios é uma daquelas matérias que o concurseiro não deve deixar de pontuar de maneira alguma, pois cobra uma gama considerável de questões cujo nível de dificuldade não é tão grande, o conteúdo a ser estudado é ínfimo quando comparado a outras matérias requeridas no edital, e que faz muita diferença no resultado final da primeira fase.

Oportuno colocar que se deve conhecer de ponta a ponta todos os artigos constantes da Lei Complementar nº 80/94, bem como as suas alterações posteriores. Além disso, deve-se estudar a Constituição Federal, no capítulo das Funções Essenciais à Justiça (Defensoria Pública), e as mudanças advindas no ADCT que também refletem aspectos de interesse relacionado à instituição.

Nessa matéria é importante ainda conhecer as "Ondas de Acesso à Justiça", de Mauro Cappelletti e Bryant Garth.

Ademais, na preparação realizada, fiz ainda um quadro esquemático com a evolução histórica do acesso à justiça no Brasil, o que me foi muito útil para ter um norteador de cada período vivenciado em nossa história e a correlação com a prestação da assistência jurídica.

– Filosofia do Direito, Noções de Sociologia e Noções de Ciência Política

Essas disciplinas têm muitas vezes a aversão do estudante, mas são extremamente necessárias para que o Defensor saia do estudo sistemático apenas do ordenamento jurídico e tenha uma visão que fuja da lógica da razão e se aperfeiçoe para a lógica do razoável[5].

---

5. SICHES, Luis Recasén. Experiencia jurídica, naturaliza de la cosa y Logica Razonable. Mexico: Fundo da Cultura Econômica- Unversidad Nacional Autonoma de Mexico, 1971.

Em Filosofia é indispensável dominar os conceitos de ética, moral, justiça, direito, bem como acompanhar a evolução dos filósofos quanto a esses temas.

Em Sociologia, é importante ter atenção com Marx Weber, bem como com a questão da função simbólica do Direito. Este último tema, sempre é foco de amplos debates, em especial porque permite entender o Direito não como elemento puro ou coerente, por si só, como tentou propor Kelsen, mas como algo dotado de atributos extrajurídicos relevantes e que afetam o inconsciente e o consciente de quem se submete ao seu âmbito de incidência.

Já em Ciência Política, a maioria dos temas abordados é vista quando do estudo de Direito Constitucional, assim se fosse destacar alguma coisa que poderia ser objeto de atenção seria dar ênfase à parte de audiências públicas e no tópico do Poder do Estado.

– Criminologia

Não foi exigida diretamente essa disciplina no edital anterior da DPU, mas o seu conteúdo vai ser cobrado no futuro certame da instituição.

Tive contato com essa matéria desde a faculdade, por participar do Núcleo de Estudos em Direitos Humanos, mas no âmbito de concurso público, a primeira vez que me deparei com a exigência de deter conhecimento sobre os assuntos relacionados à Criminologia foi com a prova da Defensoria Pública do Estado do Paraná.

Como forma de estudo para o concurso mencionado, fiz resumos com os principais temas de Criminologia, os quais considero: Conceito e objeto da criminologia e as escolas sociológicas do crime.

Em especial na parte de escolas sociológicas, tive a preocupação de fazer quadros esquemáticos das escolas (Consenso e Conflito), com pontos de aproximação e diferenciação, em virtude do grande quantitativo existente, bem como para facilitar a revisão posterior.

– **Ambiental**

Essa matéria, apesar de sua grande importância e aplicação prática no exercício profissional do Defensor Público Federal, não era cobrada como disciplina autônoma, o que foi corrigido também para o próximo edital.

Ambiental é um tema, recorrentemente, pedido em diversas avaliações jurídicas.

Sua abrangência envolve, desde a sua previsão constitucional, até a sua previsão em atos normativos infralegais (normas, resoluções etc.).

Na primeira fase, a prioridade é o estudo da lei seca, nessa disciplina, em especial, o art. 225, da CF; a Lei nº 9605/98 (Crimes ambientais e sanções administrativas); Código Florestal; Lei nº 9.985/00 (Sistema Nacional de Unidades de Conservação); Lei Complementar nº 140/11; Lei nº 6.938/81 (Política Nacional do Meio Ambiente), Lei nº 11.105/05 (Lei de Biossegurança); Lei nº 12.305/10 (Lei de Resíduos Sólidos), Resolução CONAMA 237 (Licenciamento Ambiental).

Ademais, na doutrina e na jurisprudência dar especial atenção aos princípios de direito ambiental e responsabilidade por danos ambientais.

Note que é muito importante deter uma diretriz quando dos estudos e, por isso, tive o cuidado de esposar aspectos de como interagi com as disciplinas do edital para que cada uma das pessoas que estiver lendo este livro possa ter um norteador de por onde começar.

Novamente reforço que cada um deve adaptar os seus estudos ao seu perfil e que a exposição feita tem o papel de auxiliar e não o de prejudicar a aquisição de conhecimento.

Dito isso, passo a outro ponto extremamente importante e que deve ser observado pelo concurseiro: a JURISPRUDÊNCIA.

Em linhas gerais, acima eu coloquei que é preciso saber estudar com estratégia, perseverança e de maneira correta.

Assim, não basta ler apenas doutrina e lei para ser aprovado.

Nos concursos atuais, é cada vez mais comum a cobrança de jurisprudência dos Tribunais Superiores e o candidato que não está familiarizado com os julgados mais recentes, tende a ter desempenho insatisfatório.

No começo de meus estudos jurisprudenciais, costumava ir direto aos sites do Supremo Tribunal Federal e do Superior Tribunal de Justiça para a pesquisa.

O STJ tem a tendência de colocar os julgados de maneira mais sistematizada e apenas disponibilizar as decisões que já foram concluídas pelos ministros, contudo, o STF já apresenta tudo o que foi tratado na sessão, desde cautelares, processos que serão objeto de decisão em outra oportunidade, entre outros.

No que se refere ao primeiro Tribunal, eu verificava que tinha proveito na leitura realizada no próprio site do órgão; para o segundo, já não sentia que estava rendendo o suficiente.

Ocorre que, por coincidência, em um dia estava vendo um blog de pessoas que prestam concurso e uma delas indicou o site "Dizer o Direito[6]".

---

6. CAVALCANTE, Márcio. Informativos. Disponível em: www.dizerodireito.com.br

Digo com sinceridade, esse blog me foi extremamente útil e até hoje o utilizo no exercício profissional.

Isso porque, há uma sistematização das jurisprudências mais relevantes para o concurso público e, além disso, há a explicação de cada um desses julgados, perpassando pela previsão legal, aspectos doutrinários e ainda comparativos com outras decisões que estão no mesmo sentido ou em sentido contrário ao que atualmente decidido pelas Cortes, o que me permitiu ter uma visão muito mais aguçada de todo o conteúdo jurisprudencial disponibilizado.

Nesse bojo, o meu estudo de jurisprudências se pautou de maneira quase integral na leitura dos informativos comentados disponibilizados por esse site, entretanto, antes das provas, eu sempre dava uma olhada nos sites dos Tribunais Superiores para verificar se não havia algum julgado mais recente, o qual não se dispôs de tempo para ser explanado pelo blog Dizer o Direito.

Assim, eu não deixava de pontuar quando a jurisprudência era exigida.

Importante colimar que a simples leitura desatenta não permitirá que o estudante se familiarize com os temas, por isso, é indispensável que seja destinado um tempo específico do cronograma, durante a semana ou ainda no final de semana, com o cuidado de apreender as peculiaridades de cada decisão.

Ademais, é necessário ter especial atenção quando há divergências de posicionamento entre o Superior Tribunal de Justiça e o Supremo Tribunal Federal, em virtude de as bancas examinadoras buscarem de toda a forma surpreender o candidato.

Deste modo, não basta apenas ler o julgado, mas é preciso ter em mente qual foi o tribunal que prolatou a decisão outrora analisada, sob pena de sofrer com as questões requeridas pelas organizadoras do concurso.

A título de exemplo, no crime de descaminho, o STJ e o STF detêm decisões conflitantes. O primeiro considera insignificante o delito cuja quantia não ultrapasse R$ 10.000,00 (dez mil reais), conforme determinado pelo art. 20, da Lei nº 10.522/02[7]. Por sua vez, o segundo entende que a quantia que deve ser utilizada para aferir a atipicidade material da conduta é R$ 20.000,00 (vinte mil reais), em decorrência da Portaria MF 75/2012[8].

Neste bojo, faz-se imprescindível ter atenção ao enunciado de qualquer questão envolvendo jurisprudência, pois quando há posicionamentos divergentes nos tribunais, é preciso verificar a qual órgão está se referindo o enunciado da prova, sob pena de ser realizada confusão pelo concurseiro e haver o equívoco na marcação da resposta, acarretando a perda de pontuação.

Outra preocupação com a dedicação à jurisprudência, é saber diferenciar o que é um precedente isolado daquele que deve ser utilizado como regra geral. Tal diferenciação é importante porque, algumas vezes, é adotada uma decisão, no caso concreto, diferente daquela usada pelas Cortes em casos similares.

Dessa forma, é necessário observar se não foi realizado um *distinguishing*[9].

---

7. Art. 20. Serão arquivados, sem baixa na distribuição, mediante requerimento do Procurador da Fazenda Nacional, os autos das execuções fiscais de débitos inscritos como Dívida Ativa da União pela Procuradoria-Geral da Fazenda Nacional ou por ela cobrados, de valor consolidado igual ou inferior a R$ 10.000,00 (dez mil reais).
8. Art. 1º Determinar:
I – a não inscrição na Dívida Ativa da União de débito de um mesmo devedor com a Fazenda Nacional de valor consolidado igual ou inferior a R$ 1.000,00 (mil reais); e II – o não ajuizamento de execuções fiscais de débitos com a Fazenda Nacional, cujo valor consolidado seja igual ou inferior a R$ 20.000,00 (vinte mil reais).
9. Fala-se em distinguishing "quando houver distinção entre o caso concreto

Um exemplo de como o instituto pode ser utilizado se encontra no HC 85.185, do Supremo Tribunal Federal, pois no caso julgado se excepcionou a aplicação da súmula 691[10], mas se manteve integralmente esse verbete de súmula, apenas decidindo a Corte Superior pela ausência de aplicação no caso específico.

Não bastasse isso, também é fundamental àquele que presta concurso público estar informado quando é verificado um *overruling*[11].

O *overruling* é mais difícil de ser visto do que o *distinguishing*, pois implica uma alteração radical no pensamento do tribunal, contudo, é de indispensável importância, pois permite que o direito seja dinâmico e se adeque ao contexto de sua aplicação. Exemplo de sua incidência, encontra-se na Reclamação 4374, a qual transcrevo integralmente a sua ementa, em virtude de sua importância histórica e por ser modificação de entendimento que não pode escapar do conhecimento de quem presta certame para a DPU:

RECLAMANTE: INSS

RECLAMADO: TURMA RECURSAL DOS JUIZADOS ESPECIAIS FEDERAIS DE PERNAMBUCO

---

em julgamento e o paradigma, seja porque não há coincidência entre os fatos fundamentais discutidos e aqueles que serviram de base à ratio decidendi (tese jurídica) constante do precedente, seja porque, a despeito de existir uma aproximação entre eles, alguma peculiaridade no caso em julgamento afasta a aplicação do precedente". DIDIER JR., Fredie. Curso de Direito Processual Civil. V. II. 6ª ed. Ed. Salvador: JusPodivm, 2011. p. 402-403.

10. Não compete ao Supremo Tribunal Federal conhecer de habeas corpus impetrado contra decisão do Relator que, em habeas corpus requerido a tribunal superior, indefere a liminar.

11. É a superação de um precedente, em virtude de ter perdido a sua matriz vinculante, pois o Tribunal entende que a jurisprudência consolidada, em decorrência de mudança seja de contexto, fático, político, econômico ou jurídico, não mais deve ser utilizada.

EMENTA

Benefício assistencial de prestação continuada ao idoso e ao deficiente. Art.203, V, da Constituição. A Lei de Organização da Assistência Social (LOAS), ao regulamentar o art. 203, V, da Constituição da República, estabeleceu critérios para que o benefício mensal de um salário mínimo fosse concedido aos portadores de deficiência e aos idosos que comprovassem não possuir meios de prover a própria manutenção ou de tê-la provida por sua família.

2. Art. 20, § 3º da Lei 8.742/1993 e a declaração de constitucionalidade da norma pelo Supremo Tribunal Federal na ADI 1.232. Dispõe o art. 20, § 3º, da Lei 8.742/93 que "considera-se incapaz de prover a manutenção da pessoa portadora de deficiência ou idosa a família cuja renda mensal per capita seja inferior a 1/4 (um quarto) do salário mínimo". O requisito financeiro estabelecido pela lei teve sua constitucionalidade contestada, ao fundamento de que permitiria que situações de patente miserabilidade social fossem consideradas fora do alcance do benefício assistencial previsto constitucionalmente. Ao apreciar a Ação Direta de Inconstitucionalidade 1.232-1/DF, o Supremo Tribunal Federal declarou a constitucionalidade do art. 20, § 3º, da LOAS.

3. Reclamação como instrumento de (re) interpretação da decisão proferida em controle de constitucionalidade abstrato. Preliminarmente, arguido o prejuízo da reclamação, em virtude do prévio julgamento dos recursos extraordinários 580.963 e 567.985, o Tribunal, por maioria de votos, conheceu da reclamação. O STF, no exercício da competência geral de fiscalizar a compatibilidade formal e material de qualquer ato normativo com a Constituição, pode declarar a inconstitucionalidade, incidentalmente, de normas tidas como fundamento da decisão ou do ato que é impugnado na reclamação. Isso decorre da própria competência atribuída ao STF para exercer o denominado controle difuso da constitucionalidade das leis e dos atos normativos. A oportunidade de reapreciação das decisões tomadas em sede de controle abstrato de normas tende a surgir com mais naturalidade e de forma mais recorrente no âmbito das reclamações. É no juízo

hermenêutico típico da reclamação – no "balançar de olhos" entre objeto e parâmetro da reclamação – que surgirá com maior nitidez a oportunidade para evolução interpretativa no controle de constitucionalidade. Com base na alegação de afronta a determinada decisão do STF, o Tribunal poderá reapreciar e redefinir o conteúdo e o alcance de sua própria decisão. E, inclusive, poderá ir além, superando total ou parcialmente a decisão-parâmetro da reclamação, se entender que, em virtude de evolução hermenêutica, tal decisão não se coaduna mais com a interpretação atual da Constituição.

4. Decisões judiciais contrárias aos critérios objetivos preestabelecidos e Processo de inconstitucionalização dos critérios definidos pela Lei 8.742/1993. A decisão do Supremo Tribunal Federal, entretanto, não pôs termo à controvérsia quanto à aplicação em concreto do critério da renda familiar per capita estabelecido pela LOAS. Como a lei permaneceu inalterada, elaboraram-se maneiras de contornar o critério objetivo e único estipulado pela LOAS e avaliar o real estado de miserabilidade social das famílias com entes idosos ou deficientes. Paralelamente, foram editadas leis que estabeleceram critérios mais elásticos para concessão de outros benefícios assistenciais, tais como: a Lei 10.836/2004, que criou o Bolsa Família; a Lei 10.689/2003, que instituiu o Programa Nacional de Acesso a Alimentação; a Lei 10.219/01, que criou o Bolsa Escola; a Lei 9.533/97, que autoriza o Poder Executivo a conceder apoio financeiro a municípios que instituírem programas de garantia de renda mínima associados a ações socioeducativas. O Supremo Tribunal Federal, em decisões monocráticas, passou a rever anteriores posicionamentos acerca da intransponibilidade dos critérios objetivos. Verificou-se a ocorrência do processo de inconstitucionalização decorrente de notórias mudanças fáticas (políticas, econômicas e sociais) e jurídicas (sucessivas modificações legislativas dos patamares econômicos utilizados como critérios de concessão de outros benefícios assistenciais por parte do Estado brasileiro).

5. Declaração de inconstitucionalidade parcial, sem pronúncia de nulidade, do art. 20, § 3º, da Lei 8.742/1993.

6. Reclamação constitucional julgada improcedente (STF, RECLAMAÇÃO 4374, Rel. Min. Gilmar Mendes, Dju 18/04/2013)[12]

Assim, cabe ao discente sempre buscar manter os estudos dos julgados dos tribunais em dia, porque a diferença entre a aprovação e a reprovação pode estar justamente no conhecimento de seu conteúdo.

Sabendo da necessidade de estar com a jurisprudência devidamente fixada, importa que o concurseiro escolha entre os diversos sites especializados na compilação das decisões das Cortes Superiores ou promover a sua atualização na própria página eletrônica dos órgãos públicos.

O importante é que não se olvide desse aliado na preparação, porque sem a informação do teor dos julgados, o processo de aprovação se torna muito mais dificultoso. Não bastasse isso, a jurisprudência permite não só o êxito em eventual certame, mas também a ciência mais ampla sobre determinada aplicação do direito, como os tribunais entendem determinados institutos, mutações na interpretação da norma, dentre outras circunstâncias, que precisam ser conhecidas para que a ampliação do contexto jurídico em âmbito pessoal ou profissional reste aperfeiçoado.

Diante disso, fica a dica!!!

Ademais, a dedicação quanto às publicações dos Tribunais não deve ser apenas concentrada em seus informativos, mas também em súmulas (STJ, STF, TNU), enunciados do Conselho da Justiça Federal e Fórum dos Processualistas Civis (os dois últimos sendo dotados de aspectos mais doutrinários do que jurisprudenciais), vez que a ampliação de perguntas relacionadas

---

12. STF. Reclamação 4374. Disponível em: http://stf.jusbrasil.com.br/jurisprudencia/24806757/reclamacao-rcl-4374-pe-stf. Acesso em 23 de maio de 2016.

a discussões versadas nessas esferas vêm sendo paulatinamente sentida em certames públicos.

Outrossim, além da lei, da doutrina e da jurisprudência, o que também deve ser priorizado na preparação ao concurso da DPU e em qualquer outro é a resolução de questões.

A atividade dos exercícios permite que a matéria vista consiga ser fixada de maneira mais célere, bem como os erros na marcação dos exames, desde que haja atenção e se busque o aprendizado, permitem a absorção dos temas e a eliminação de dúvidas.

Quando de minha preparação, eu sempre tive um cuidado bem grande em fazer questões de certames anteriores todos os dias da semana, nem que fosse apenas 10 (dez) questões por dia. O ideal é que se destine uma média de 40 (quarenta) minutos a 1 (uma) hora com a realização de exercícios.

Priorizei de maneira contumaz uma leitura atenta dos enunciados e grifava termos chaves da pergunta formulada, tais como "Correto" ou "Incorreto", porque, em algumas oportunidades, a leitura rápida e a desatenção com estas simples palavras, fizeram com que eu perdesse algumas questões, custando-me a aprovação.

Eu comprei livros com questões de concursos das Defensorias, adquiri exames em sites especializados com provas constantemente atualizadas, busquei certames anteriores, enfim, eu usava vários meios para ter acesso a elaboração de perguntas, relacionadas aos conteúdos do edital.

E isso me foi muito precioso. Quantas vezes não dava tempo de ver a matéria completa do edital, mas com o exercício de questões da mesma banca, eu pude direcionar as minhas respostas de maneira satisfatória.

Assim, constatar esta realidade foi extremamente importante para que pudesse perceber outro ponto fundamental na resolução de perguntas de concurso, que é direcionar o estudo para a banca examinadora de seu certame.

Então, se já é conhecida a organizadora da prova, há uma grande vantagem e a preparação deve ser focada exatamente nas avaliações anteriormente cobradas.

Observe que, apesar de não ser garantia de que sejam pedidos os mesmos assuntos dos certames passados, cada avaliador tem predileção por determinados temas. Desta forma, ao estudar a organizadora, é possível consolidar de maneira estatística quais são os conteúdos com mais índices de aplicação nos concursos.

Isso não quer dizer que não vão ser estudadas as demais matérias, mais permite otimizar o tempo.

É certo que a maioria das pessoas que se submetem à rotina de preparação para concurso são aquelas que já têm um emprego e, em virtude disso, já dispõem de um tempo limitado. Assim, alinhar o conhecimento estatístico sobre as matérias mais cobradas pela banca, além de um diferencial, coaduna em garantir um período precioso de instrução em temas que têm grandes chances de serem exigidos.

Mister mencionar que para aqueles que detêm todo o dia para o aprendizado, conhecer a organizadora também é de fundamental importância, pois será dada prioridade aos assuntos mais pedidos e ainda se terá um tempo considerável para os demais conteúdos dispostos no edital.

Desta forma, a conclusão a que se deve chegar é que se demonstra imprescindível, portanto, a resolução de questões atrelada à detenção de informações sobre a banca.

Imperioso que se pontue que algumas pessoas não dão importância à preparação direcionada para a banca avaliadora, mas hoje não basta ter o domínio do conteúdo é preciso conhecer exatamente quem faz as avaliações.

Isso porque com a dedicação escorreita em direção à norma, doutrina, jurisprudência e questões, fecha-se as arestas com a análise sistematizada da organizadora do concurso, vez que se conhecerá o estilo da redação, as técnicas das perguntas, dos temas com maior evidência e, a partir disso, a pontuação tende a ser mais elevada.

Com relação aos certames, Wander Garcia[13] ainda especifica, em um de seus livros, que existem técnicas de resolução de questões objetivas que podem ser utilizadas para o alcance de um resultado positivo, tais como:

"(...) a **repetição de elementos** ('quanto mais elementos repetidos existirem, maior a chance de a alternativa ser correta'), das **afirmações generalizantes** ('afirmações generalizantes tendem a ser incorretas' – reconhece-se afirmações generalizantes pelas palavras *sempre, nunca, qualquer, absolutamente, apenas, só, somente, exclusivamente, etc.*), dos **conceitos compridos** ('os conceitos de maior extensão tendem a ser corretos'), entre outras."

Note-se que essas técnicas não devem ser aplicadas de forma desmedida, mas só e, principalmente, quando houver dúvida acerca de qual a resposta mais adequada ao enunciado.

Desta maneira, tentando abarcar todas as brechas, é possível adquirir uma preparação adequada e conseguir ser bem-sucedido quando diante de uma primeira fase de um concurso público.

Oportuno colacionar ainda que quando se fizer um cronograma que abranja a lei, a jurisprudência, as questões e a doutrina, é muito importante que se tenha precaução com relação às redes sociais.

---

13. GARCIA, Wander. Como passar: concursos de defensoria. Editora Foco Jurídico. Campinas: São Paulo, 2012, p. 14.

Não quero dizer aqui que se deva excluir o seu perfil, mas que haja prevenção quanto ao descumprimento do conteúdo planejado, em virtude de se consultar as redes sociais de maneira frequente.

Particularmente, nunca tive grandes dificuldades em separar o tempo de estudo do tempo de verificar minhas contas no Facebook, Instagram, WhatsApp, entre outras. Até porque, o meu planejamento sempre deixava períodos de descanso de, aproximadamente, 10 (dez) minutos entre cada separação de disciplinas.

Diante disso, apenas visualizava as informações contidas na internet ou no celular nesse tempo estipulado para o descanso.

Ocorre que tenho alunos que tem grande dificuldade de concentração, em virtude de não conseguirem se afastar das redes sociais por algumas horas durante os estudos.

O problema de não separar completamente o tempo só para os estudos é que isso tem por consequência a ausência de absorção de conteúdo.

A preparação deve ser um comprometimento que, muitas vezes, se dessume em abrir mão daquilo que gostaríamos de fazer para que o tempo necessário ao propósito buscado seja atingido.

E as redes sociais, se não forem bem utilizadas, fazem com que todo o trabalho duro realizado no planejamento deixe de ser executado. Isso faz com que o estudante tenha a visão de que não está evoluindo, o que é extremamente prejudicial.

É importante asseverar que é possível usar esses mecanismos em favor do concurseiro, seja por meio de formação de grupos de estudos, para acompanhar professores que fornecem dicas de preparação, troca de materiais, entre outras, além de um pouco de lazer, contudo, há tempo para tudo[14].

Desta maneira, é preciso controle. Como sugestão a quem está iniciando a preparação, sugiro que o celular seja deixado longe de seu ambiente de estudos e a internet seja utilizada apenas para pesquisas relacionadas ao assunto da disciplina planejada para o dia.

Neste bojo, apenas em pequenos intervalos é permitido o acesso de dados.

Meu conselho para quem não consegue se ver sem consultar o WhatsApp a cada 5 (cinco) minutos, é que faça um teste. Em um dia, procure utilizar as redes apenas nos períodos destinados no cronograma e, como consequência, constatará que o rendimento vai ser superior.

Para aqueles que já se preparam há mais tempo, tenho certeza que o afastamento desses instrumentos de comunicação durante o período de estudo, permitiu que o sentimento de evolução acompanhe cada trajetória de cumprimento do cronograma.

Eliminar o que atrapalha no desenvolvimento do conhecimento, é como eliminar os objetos desnecessários em uma casa. Você só percebe como a organização melhora quando tem a coragem de colocar os esforços necessários para cumprir a meta proposta.

Nesse mesmo sentido, entrevista da tenista Maria Sharapova[15], na qual aduz que: *"Quando se trabalha duro, o resultado pode não vir hoje, pode não chegar amanhã, mas certamente virá".*

---

14. Eclesiastes 3, versículo 1. Bíblia Sagrada Online. Disponível em: https://www.bibliaonline.com.br/acf/ec/3. Acesso em 24 de maio de 2016.
15. SHARAPOVA, Maria. Maria Sharapova quotes about hard work. Disponível em: http://www.azquotes.com/author/13404-Maria_Sharapova/tag/hard-work. Acesso em 23 de maio de 2016.

Além de tudo o que foi tratado, é indispensável também ter determinação para enfrentar os desafios, que são muitos pelo caminho.

Dessa forma, a persistência e a resiliência devem sempre acompanhar o concurseiro, pois essas duas qualidades, aliadas a um bom desempenho na preparação e nos estudos das disciplinas, direcionam à proximidade e ao alcance da aprovação.

II

A TEMIDA FASE DO "FIQUEI POR UMA QUESTÃO" E A POSSÍVEL VONTADE DE DESISTIR

Como enfatizei no final do capítulo anterior, a persistência e a resiliência são atributos inerentes a quem presta concurso.

Como dizia Taniguchi[1]: *"Êxito é conquista de quem se levanta mesmo que caia, de quem se esforça sem se derrotar, mesmo que fracasse muitas vezes".*

Ocorre que muitas vezes, o resultado não aparece no tempo por nós programado, o que causa a sensação de que tudo que se está fazendo é em vão, que o conhecimento adquirido está sendo desperdiçado em inúmeros testes e que nunca se consegue progredir.

---

1. TANIGUCHI, Masaharu. Mundo dos Pensamentos. Disponível em: http://www.mundodospensamentos.com.br/autor.php?id=Masaharu%20Taniguchi. Acesso em 25 de maio de 2016.

Essa é uma sensação que já passou pela minha cabeça durante meu período de estudos por diversos momentos.

Lembro que eu tinha feito a Defensoria Pública do Estado do Maranhão, a prova da Defensoria Pública do Estado do Paraná, ambas sem ter logrado a tão sonhada aprovação, e surgiu o concurso da Defensoria Pública do Estado do Tocantins.

Resolvi prestar o certame e comecei a organizar a minha preparação com o estudo sistematizado de lei, doutrina, jurisprudência, questões, súmulas, etc.

A preparação para a DPE-TO foi um pouco mais abrangente do que o estudo de primeira fase, em virtude de a segunda fase ser feita de maneira concomitante.

Assim, comecei a estudar e segui em direção ao meu objetivo de ser Defensora.

Na prova da DPE-MA, como anteriormente mencionado no Capítulo I, fiquei por 7 (sete) questões, na do Paraná por 5 (cinco) assertivas. No Tocantins, não consegui passar por apenas 1 (uma) questão.

Inicialmente, acreditei que conseguiria ter a minha primeira prova de segunda fase corrigida e, por isso, interpus recursos contra algumas questões da avaliação. Uma dessas perguntas, eu tinha a "quase" convicção de que seria anulada, em virtude de haver posicionamento jurisprudencial divergente sobre o tema e, com isso, enfim, poderia ter a satisfação de ter ultrapassado esse obstáculo.

Ocorre que, diferentemente do que previa, a banca não anulou a questão do grupo que eu precisava (certame dividido por blocos, com pontuação mínima em cada um) e, assim, permaneci reprovada por uma questão.

A minha reação inicial foi ter uma raiva impulsiva direcionada à organizadora, depois esse sentimento original passou a ser capitaneado em minha pessoa e após comecei a desenvolver diversos pensamentos negativos.

Depois dessa reprovação, meu ritmo de estudos caiu bastante e comecei a desacreditar que teria alguma chance.

Algumas pessoas, pensando que estavam me ajudando, passaram a me dizer que eu só deveria prestar concurso quando tivesse a certeza de que estava preparada, assim não desperdiçaria meu tempo e nem meu dinheiro.

Recordo que, ao ouvir essas palavras, esperei estar em casa, fechar a porta do quarto e chorar demasiadamente.

Ficava me questionando, será que algum dia me sentirei preparada? E a resposta sincera para essa pergunta é que nenhum concurseiro, a não ser aquele que não conhece as suas próprias limitações, vai se sentir completamente seguro e preparado para qualquer teste.

Em meio aos prantos me lembrei de um texto que um dia eu tinha lido antes de prestar a prova para analista do Tribunal Regional Federal da 5ª Região e que me fortaleceu muito: "E

---

2. Imagem retirada do site Depositphotos Inc. Disponível em: http://br.depositphotos.com/10395310/stock-photo-very-sad-dejected-3d-man.html. Acesso em 30 de junho de 2016.

não nos cansemos de fazer o bem, porque a seu tempo ceifaremos, se não desfalecermos[3]".

Isso me foi como um sopro de renovação e decidi tirar uns dias de descanso para me recompor e começar de novo. Nesse período de "folga", encontrei com um grande amigo e explanei todos os detalhes do que, até então, só enxergava como derrota.

O engraçado na vida é que há pessoas que conseguem ver o que está na sua frente e, por circunstâncias adversas, não se é possível constatar. Meu amigo me fez visualizar tudo o que não havia observado em todo esse trâmite de autopunição.

Primeiro de tudo, ele me disse que: VOCÊ NÃO É A ÚNICA PESSOA INJUSTIÇADA NO MUNDO.

Isso é fato, quão comum é sentar e conversar com outras pessoas que prestam concurso e ouvir cada uma delas ter algum tipo de reclamação destinada às bancas avaliadoras.

As mais comuns são: elas não têm o cuidado de colocar jurisprudência consolidada; a organizadora só cobra a letra seca da lei, o que prioriza a decoreba em detrimento do conhecimento; a banca não anulou uma questão evidentemente incorreta; a pergunta elaborada deu margem a uma ampla gama de interpretações, dentre outras que tenho certeza que quem está lendo este livro deve ter se lembrado de alguma situação vivenciada.

Essa percepção me fez vislumbrar que não adiantava eu ficar revoltada com o que entendia ser injusto, se eu não juntasse as minhas forças e voltasse a estudar novamente, essa reprovação significaria apenas que desisti diante da dificuldade apresentada e jamais quis isso.

---
3. Gálatas 6, versículo 9. Bíblia Sagrada Online. Disponível em: https://www.bibliaonline.com.br/acf/ec/3. Acesso em 24 de maio de 2016.

A única coisa que queria era que houvesse a reparação do erro e que eu fosse para a segunda fase, contudo, nada disso seria possível, assim não adiantaria continuar com a frustração, quando não seria plausível caminhar para qualquer lugar melhor com esse sentimento.

Deste modo, a partir do momento que entendi o que estava diante de mim é que pude seguir em frente.

Essa situação me lembrou muito o que acontece, por exemplo, com um relacionamento que acabou. Se a pessoa fica presa ao passado, não consegue se desprender e ter novas oportunidades, mas quando ela analisa o que foi bom e o que foi ruim e entende que o passado não deve ser empecilho para o presente, então, prosseguir a jornada se torna algo natural.

Assim aconteceu comigo, no instante em que vi que o que poderia tirar de bom dessa experiência na DPE-TO era verificar os erros que cometi para não os repetir, o horizonte demonstrou ser muito mais favorável às minhas pretensões.

Em segundo lugar, meu amigo me falou a seguinte frase: ENXERGUE QUE VOCÊ ESTÁ EVOLUINDO.

Cada ser humano tem um ponto de vista diferente sobre os acontecimentos cotidianos. Enquanto o meu era de que mais uma vez não logrei êxito em uma avaliação, o dele era o de que cada vez mais eu me aproximava de alcançar meus objetivos.

Lembro-me que, nesse dia, ele quase desenhava para mim uma planilha para que eu pudesse introjetar que a minha meta era palpável e que a cada certame eu demonstrava que o conteúdo estava sendo apreendido, não na velocidade que eu desejava, mas que o conhecimento se consolidava à medida que eu tentava buscar a vitória.

Nesta senda, essa proximidade tão grande da aprovação era um sinal de que estava seguindo na direção certa.

Confesso que era tudo o que eu precisava ouvir.

A explanação que ele me fez tornou a minha tristeza em alegria, porque passei a valorizar essa situação como verdadeira conquista.

Não era o resultado desejado, mas estava chegando perto disso, e fixei o alvo de que não desistiria até conseguir. Decidi que se eu continuasse a trabalhar duro, a consequência seria o que eu desejava possuir.

Assim, destinei um tempo de descanso para recuperar as energias e, após ultrapassado esse período, reiniciei a minha preparação.

Esse tempo que resolvi ficar sem estudar, o qual não foi superior a uma semana, foi essencial para que eu colocasse as ideias em seu devido lugar e para que tivesse tempo de restaurar meu corpo e minha mente, após mais uma batalha.

Como conselho, sugiro que, após cada avaliação, o candidato tire um tempo curto para o descanso, seja para estar com os familiares, para alguma viagem, para renovar as energias ou ainda para não fazer nada.

É importante esse período, porque a mente cansada tende a absorver uma quantidade infinitamente menor de conteúdo, visto que a concentração fica prejudicada.

Desta maneira, ao contrário do que pensam alguns, em detrimento de perder o ritmo de estudos, o candidato que estipula um pequeno lapso para repouso, acaba tendo um melhor rendimento.

Ademais, esse tempo é necessário para a reflexão, pois, nesse espaço temporal, é pertinente que seja realizada autoavaliação, exatamente para constatar se houve evolução ou, caso contrário, o que fazer para aperfeiçoar as deficiências.

Assim, na minha experiência, foi muito importante estar perto de pessoas queridas e de parar um pouco, após cada período avaliativo.

É importante dizer que essa autorreflexão me permitiu aprender com os erros e corrigir o que não estava adequado.

Após cada prova, eu passei a ter a obrigação de verificar o que acabou não dando certo e posso dizer que os erros foram necessários para que pudesse acertar.

A cada questão incorreta, comecei a ler e a reler os motivos de meus equívocos, o que me permitiu fixar bem o conteúdo e lograr a buscada aprovação na primeira fase, na minha quarta prova de Defensoria.

Fiquei extremamente feliz quando vi meu nome na lista de aprovados para a DPE-DF, que foi o primeiro certame que consegui ultrapassar a barreira da primeira fase.

Posso dizer que o que manteve minha vontade de vencer acesa, apesar das reprovações foi saber que: 1º – Eu não estava sozinha (tinha a ajuda de Deus, de familiares e de amigos); 2º – Estava no caminho certo; 3º – Não há vitórias, sem sacrifícios.

III
APROVADO PARA A SEGUNDA FASE

A alegria de passar em uma primeira fase é incomensurável, causa euforia, mas depois do regozijo inicial, quando se para e pensa no próximo passo, o medo é um sentimento que toma conta, porque a preparação é totalmente diferenciada.

Sentia-me como se estivesse em uma escada, em que havia dois degraus (2ª e 3ª fases) a perfilhar até alcançar o topo desejado.

---
1. Imagem disponível em: http://freeiconbox.com/icon/256/10659.png. Acesso em 31 de maio de 2016.

O problema é que se não conseguisse subir o degrau, impreterivelmente teria que descer e isso me assustou muito.

É certo que com alguns sites especializados, quem presta concurso já tem mais ou menos uma noção, depois que o gabarito preliminar é disponibilizado, se tem chances ou não de passar para a próxima fase e, uma vez que isso acontece, é hora de traçar novas metas de estudos.

Quando fui aprovada na prova objetiva da DPE-DF, passei a procurar relatos de outros concurseiros sobre como foi a preparação para a segunda fase e cada pessoa detinha uma opinião diferente, uns diziam que só o estudo de doutrina, outros que só a elaboração de peças, alguns pontuavam a necessidade de resolução de questões dissertativas sem dar ênfase ao estudo do conteúdo e por aí vai.

Tenho que dizer que esse período de organização para a segunda fase foi bem tenso, principalmente nas primeiras provas.

Tendo em vista que há certames que realizam a 1ª e a 2ª fase de maneira concomitante e outros em que se dá um prazo de, aproximadamente, um mês ou um mês e meio para essa nova etapa, é necessário adotar uma estratégia diferente para cada um desses modelos.

- **1ª e 2ª fases em um mesmo final de semana**

É quase desesperador quando se pega um edital e se verifica que a primeira e a segunda fases serão realizadas em dias paralelos.

A prova da Defensoria Pública da União, em seu V Concurso, no qual consegui ser aprovada, foi assim.

Existe um lado bom que é a economia da viagem, mas existe um lado bem ruim: se organizar para uma primeira fase já é difícil, mas se programar para duas fases requer um nível de comprometimento dobrado.

Nesse esquema, não há como fugir do método lei seca, doutrina, súmulas e jurisprudência, mas também não é aconselhável deixar as questões discursivas e as peças práticas de lado, em especial, porque o pouco contato com as subjetivas e as petições faz com que o rendimento não seja suficiente.

Assim, minha sugestão é que haja uma dedicação integral.

No caso, para aquele que trabalha, por exemplo, se possível, é bastante aconselhável pedir férias nesse período, pois seria extremamente útil dispor de todo o tempo livre na preparação, o que também não quer dizer que aquele que não pode fazer isso não consiga ser aprovado, é apenas uma sugestão a título de dar um enfoque maior nas disciplinas.

Nessa etapa, quando as provas são conjuntas, um modelo que posso sugerir é o que coloco no Cronograma VIII, no qual distribuo todas as disciplinas em horários diferentes e deixo espaço para o exercício de questões objetivas, discursivas e peças.

Novamente friso que esse cronograma é apenas um parâmetro para nortear a organização dos estudos, mas não é um modelo único ou que não possa sofrer alterações.

Isso porque, alguns estudantes, por exemplo, ainda que estejam diante de fases concomitantes, gostam de dar ênfase em matérias que sentem dificuldades, além de responderem questões subjetivas e peças processuais.

Desta forma, cada um deve verificar aquilo que lhe aperfeiçoa o rendimento.

Outrossim, sugiro uma doutrina mais curta ou mesmo a utilização de resumos para otimizar o tempo.

Além disso, no treino para as discursivas e peças é sempre bom reproduzir o tempo de prova, quando da preparação, visto que é essencial treinar letra, conteúdo e estruturas e ter a confiança de que o prazo para a entrega da avaliação não vai ser extrapolado.

- **1ª e 2ª fases em datas mais esparsas**

    Quando há um espaço maior para a preparação entre uma prova e outra, o esquema de organização é diferenciado.

    Primeiro, exclui-se a leitura da norma jurídica.

    Segundo, há um enfoque maior em determinados pontos doutrinários, os quais são mais frequentemente cobrados (Anexo IX).

    Terceiro, deve haver um exercício exaustivo de discursivas e peças.

É sempre bom nessa preparação buscar provas de outros concursos para tentar verificar qual a tendência de conteúdos cobrados pela banca, assim também para tentar responder as questões dentro do limite de tempo estipulado, o que permite ao estudante verificar se consegue responder tudo dentro do período de prova previsto, fato que lhe dará maior segurança na hora de se submeter ao certame.

Ademais disso, é importante não esquecer também o estudo da jurisprudência, pois muitas avaliações estão cobrando casos práticos que foram decididos pelos Tribunais Superiores.

Desse modo, ter conhecimento do que foi analisado nos julgados é essencial para conseguir uma pontuação suficiente para seguir em frente.

Em meu caso, conforme acima relatado, a minha primeira aprovação para a segunda fase ocorreu na DPE-DF.

A segunda etapa não foi realizada no mesmo final de semana.

Assim, eu me matriculei em um cursinho a distância, me inscrevi em sites especializados de resolução de discursivas e peças, com correção individualizada, comprei materiais de discursivas de provas anteriores, enfim, adquiri uma gama de suportes físicos para estudar.

O problema é que adquiri tantos materiais que não consegui ver sequer a metade deles.

Não dei importância para a doutrina e nem para a jurisprudência e, como resultado, não fui aprovada.

Estava tão afobada em conseguir tudo o que pudesse que, novamente, deixei passar o essencial: a ESTRATÉGIA.

Não adianta ter os melhores conteúdos do mundo, a indicação dos melhores profissionais, se não há disponibilidade de tempo para ver tudo, pois isso acabará se tornando apenas um acúmulo de papel e gasto em dinheiro.

Neste bojo, essa reprovação me fez enxergar que precisava orientar melhor a minha preparação e novamente traçar metas de organização.

Depois da DPE-DF, outro concurso em que passei para a segunda fase foi a Defensoria Pública do Estado do Paraná, também com provas realizadas em períodos de tempo separados.

Esse certame foi bem pesado, eram muitas questões discursivas e uma peça cível e outra criminal.

Como a banca de avaliação era a Fundação Carlos Chagas, resolvi buscar modelos de prova anteriores da mesma organizadora.

Vi que a densidade dos assuntos cobrados era bastante peculiar e, diante disso, procurei despender esforços em temas doutrinários com maior incidência de cobrança e com a leitura dos livros indicados de filosofia.

Me lembro que reprovei por alguns décimos. Isso me foi um golpe duro, porque eu não sabia em que estava errando e isso era desesperador.

Na época, passei por alguns problemas pessoais que estavam minando as minhas forças e tirando a minha concentração.

Nesse momento, decidi contratar um *coach* e isso se deu por vários motivos:

1 – Queria saber o motivo de, mesmo estudando com afinco, não conseguir ser aprovada;

2 – Precisava de uma pessoa externa me cobrando um ritmo de estudos;

3 – Necessitava de alguém que me ajudasse a corrigir meus erros; e

4 – Estava sem ânimo, em virtude das circunstâncias adversas.

Em meu caso, os acontecimentos me levaram a optar pelo auxílio de um *coach*, e ele me deu tanto apoio, que acredito que foi isso que me fez seguir também nesse ramo de atividade.

O engraçado é que hoje o meu *coach* é meu colega de profissão e um grande amigo.

Voltando, contudo, para a minha preparação, após contratar os serviços desse profissional, eu estava em uma segunda fase (DPE-CE, banca FCC), bem como estava na preparação concomitante para a DPE-PE e DPU (1ª e 2ª fase no mesmo final de semana, ambas pela organizadora CESPE).

O *coach* me pediu um relato de como era a minha organização de estudos, dei uma pequena descrição de tudo e, em vistas de ele entender que a minha distribuição de matérias estava adequada, apenas me pediu para tentar seguir o modelo que adotei e, além disso, ele me passou questões discursivas e peças práticas toda semana, com prazo exíguo para a resolução.

Assim, com relação à minha primeira pergunta (motivo porque não conseguia ser aprovada), logo na primeira correção de rodadas discursivas e de peças, o profissional já percebeu o que estava me atrapalhando.

Lembro quando ele me disse que eu tinha um embasamento doutrinário, legal e jurisprudencial excelente, mas não estava conseguindo organizar as ideias.

Como sugestão, foi-me fornecido um roteiro (Anexo X) que deveria adotar sempre quando da resolução de questões discursivas, a depender do número de linhas e do tempo fornecido, o qual se consubstanciava em seguir a seguinte diretriz temática:

1 – Histórico;

2 – Conceito;

3 – Embasamento legal;

4 – Resposta ao questionamento formulado, se possível com a citação de súmulas e jurisprudência;

5 – Conclusão.

Seguindo esse roteiro, teria um norteador para a resposta de todas as questões, bem como o meu desenvolvimento seria mais estruturado e coerente.

Ademais, conforme orientação, os parágrafos deveriam ser escritos em poucas linhas com o objetivo de não tornar a leitura cansativa.

Além disso, algo que é muito desvalorizado, mas que é de fundamental importância é o cuidado com a letra. Pense que o avaliador vai corrigir uma centena de provas, assim não deve ser criada a dificuldade nesse aspecto, pois o examinador não deve ficar perdendo tempo em decifrar um hieróglifo.

Desse modo, munida de todas essas dicas, comecei a segui-las no meu cotidiano.

Com relação ao estudo da doutrina, continuava com a preparação organizada por mim (modelo do Anexo IX), com o estudo de temas mais frequentemente cobrados, e estudava as questões discursivas e peças, conforme iam sendo passadas pelo *coach*, e ainda em sites especializados, com correção individualizada.

Indispensável dizer que, quando empreguei o roteiro sugerido, meu rendimento subiu consideravelmente.

Não só o *coach* percebeu, mas eu mesma visualizei que seguir esse parâmetro me permitiu desenvolver respostas de maneira mais rápida, coerente e organizada, além de poder agregar todo o conhecimento requerido quando do padrão estipulado pelas bancas avaliadoras.

Não bastasse isso, quanto às peças, também houve orientação no seguinte aspecto:

- **PEÇA CÍVEL (Anexo XI)**

1 – Endereçamento;

2 – Qualificação;

3 – Lembrar das prerrogativas dos Defensores Públicos;

4 – Fundamento legal e Nome da peça ou do Recurso;

5 – Pedir a assistência jurídica gratuita;

6 – Fatos;

7 – Preliminares;

8 – Prejudiciais de Mérito;

9 – Mérito;

10 – Pedido.

- **PEÇA PENAL (Anexo XII)**
  1 – Endereçamento;
  2 – Qualificação;
  3 – Lembrar das prerrogativas dos Defensores Públicos;
  4 – Fundamento legal e Nome da medida judicial adotada ou do recurso;
  5 – Pedir assistência jurídica gratuita;
  6 – Fatos;
  7 – Prejudiciais de Mérito;
  8 – Preliminares;
  9 – Mérito;
  10 – Pedido.

Note-se que há uma inversão em penal, pois as prejudiciais de mérito nessa seara são tratadas primeiro do que as preliminares, por serem mais benéficas ao réu.

No processo civil, por sua vez, as preliminares têm antecedência.

Desta forma, ter fixado em que ordem deve vir a organização das peças foi essencial para que criasse uma estrutura mental de petição e ficasse mais fácil aplicar esse conhecimento adquirido na resposta dos casos propostos.

Com relação aos aspectos práticos, o "Endereçamento" como primeiro item da peça é de fundamental atenção, pois a sua fixação incorreta pode determinar o comprometimento de toda a avaliação, pois esse tópico é determinante para a adequada fixação da competência do juízo, sendo definida conforme critérios já estabelecidos previamente, seja valor da causa, prevenção, local de consumação do crime, entre outros.

Outro dado importante, refere-se ao fato de que se na avaliação não houve a identificação de um juízo (Ex.: Seção Judiciária do Maranhão, 1ª Vara Federal Criminal da Seção Judiciária de Limoeiro do Norte etc.), não deve ser criada essa informação e, por consequência, o correto é especificar de maneira genérica a destinação do pleito.

A seguir exemplos de endereçamento:

Modelo Cível

"EXCELENTÍSSIMO (A) SENHOR (A) JUIZ (A) FEDERAL DA ___ª VARA FEDERAL DA SEÇÃO JUDICIÁRIA DO ___ ou EXCELENTÍSSIMO JUÍZO FEDERAL DA ___ª VARA FEDERAL DA SEÇÃO JUDICIÁRIA DO ___

EXCELENTÍSSIMO (A) SENHOR (A) JUIZ (A) FEDERAL DO ___º JUIZADO ESPECIAL FEDERAL DA SEÇÃO JUDICIÁRIA DO ___ ou EXCELENTÍSSIMO JUÍZO FEDERAL DO ___º JUIZADO ESPECIAL FEDERAL DA SEÇÃO JUDICIÁRIA DO ___"

Modelo Penal

"EXCELENTÍSSIMO (A) SENHOR (A) JUIZ (A) FEDERAL DA ___VARA FEDERAL CRIMINAL DA SEÇÃO JUDICIÁRIA DE ___ ou EXCELENTÍSSIMO JUÍZO FEDERAL DA ___VARA FEDERAL CRIMINAL DA SEÇÃO JUDICIÁRIA DE ___

EXCELENTÍSSIMO (A) SENHOR (A) JUIZ (A) FEDERAL DO ___º JUIZADO ESPECIAL FEDERAL CRIMINAL DA

SEÇÃO JUDICIÁRIA DO ____ ou EXCELENTÍSSIMO JUÍZO FEDERAL DO ___º JUIZADO ESPECIAL FEDERAL CRIMINAL DA SEÇÃO JUDICIÁRIA DO ____"

Quanto à "Qualificação" da parte, é preciso ter duas coisas em mente.

A primeira é que quando se trata de uma peça inicial, a especificação de informações pessoais, dos documentos e do endereço de quem é autor/réu devem ser apresentados de maneira completa.

A segunda é que esses dados podem ser sintetizados com a expressão "já qualificado nos autos", na hipótese de não ser a primeira petição apresentada ao juízo.

Diante disso, como a qualificação é similar na esfera cível e criminal, demonstro em exemplo modelo unificado:

"FULANO DE TAL, nascido em ___, (naturalidade), (estado civil), (profissão), RG __ e CPF __, residente e domiciliado no endereço ___ (...)

(...) em face da UNIÃO, pessoa jurídica de direito público interno, CNPJ ___, com endereço na rua ____, com órgão presentante situado à ____; a ser citado na pessoa do seu representante legal (...).

FULANO DE TAL, já qualificado nos autos da ação penal (...)"

Ademais, outro ponto de especial consideração é demonstrar que a parte (réu ou autor) está sendo assistida pela Defensoria Pública da União e que se conhecem as "Prerrogativas" institucionais, apresentando-as ao avaliador já quando da folha inicial de exposição da peça jurídica.

A título de exemplo, uma estrutura possível seria:

"(...) por meio da DEFENSORIA PÚBLICA DA UNIÃO (instrumento procuratório dispensado), instituição essencial à função jurisdicional do Estado, no uso das prerrogativas que lhe confere o art. 44, da Lei Complementar nº 80/94 (...)".

Por sua vez, após o endereçamento, a qualificação e a elucidação do órgão de defesa e das prerrogativas institucionais, segue-se ao momento em que se vai identificar qual o "fundamento legal e o nome da peça ou do recurso" a ser utilizado.

Neste item, sugiro calma na leitura do texto apresentado pela banca avaliadora, para que não haja equívocos na correta identificação da petição.

Além disso, é de bom alvitre que haja um destaque, seja em negrito, sublinhado ou mesmo apresentar o nome da peça em caixa alta ou em outra linha, com o fito de facilitar que o avaliador localize qual a medida judicial adotada no caso tratado, além de esposar, previamente, qual o fundamento jurídico que subsidia o seu uso.

Exemplo:

"(...) apresentar, nos termos do art. 335 e seguintes do CPC, **Contestação** (...)

(...) apresentar, conforme art. 403, §3º, do CPP, Alegações Finais (...)

(...) interpor, com fundamento no art. 1009 e ss. do CPC, RECURSO DE APELAÇÃO (...)"

Ademais, antes de adentrar na narrativa fática, é preciso delimitar um tópico referente à "Assistência Jurídica Gratuita – AJG", pois o fundamento da atuação da Defensoria Pública da União se dessume na ausência de condições de custear os serviços advocatícios e, por conseguinte, todas as demais despesas com a prestação jurisdicional.

Nesta senda, cada um pode criar um modelo básico de pedido de AJG e utilizá-lo, justificando o exercício das atividades como Defensor, em virtude da hipossuficiência econômica ou jurídica da pessoa que está sendo assistida.

A título de exemplo, segue sugestão de redação:

"FULANO DE TAL não tem condições de arcar com as despesas e as custas processuais sem prejuízo de seu sustento e de sua família e, em virtude disso, requer os benefícios da assistência jurídica gratuita, nos termos do art. 98 e ss. do CPC".

Depois da apresentação de todos os itens acima citados, começa efetivamente a parte em que o poder de concisão e organização do candidato passa a ser colocado em análise, pois não há um modelo definido de como deve ser estruturada a redação jurídica.

Assim, quando da elaboração dos "fatos", havendo coerência, coesão e uso correto da linguagem, não há qualquer ressalva quanto a uma escrita que deve ser utilizada de maneira absoluta.

Contudo, é importante não gastar muitos parágrafos com a narrativa dos fatos, pois, em regra, há uma limitação do número de linhas em que é permitido desenvolver toda a estrutura jurídica.

Assim, despender muito tempo com a narrativa fática pode custar um espaço que seria indispensável na parte mais importante, qual seja a fundamentação de direito, visto que apesar de os fatos serem necessários, salvo manifestação expressa do examinador quanto à sua prescindibilidade, esse item não vale muitos pontos quando das considerações finais da banca.

Neste bojo, faça constar apenas o essencial, sem esmiuçar toda a situação retratada, mas descrevendo somente o mais importante.

Um modelo básico quanto aos fatos deve conter:

Modelo Cível

1 – Resumo do quadro fático em aspectos gerais;

2 – Provas apresentadas;

3 – Pretensão da petição;

4 – Fechamento (Eis o que cabia relatar ou outra expressão de preferência do candidato etc.)

Exemplo: "João teve seu carro abalroado pelo veículo de Pedro, o qual perdeu o controle do automóvel em uma curva.

A situação foi visualizada pelos transeuntes João Medeiros e Pedro de Oliveira, além das câmeras de segurança da via pública.

Pedro, apesar de reconhecer que sua conduta foi inadequada, recusou-se a pagar o conserto, fatos estes que levaram o autor a promover a presente ação.

Eis o que cabia relatar".

Modelo penal

1 – Resumo da denúncia ou queixa-crime;

2 – Marcar todos os lapsos temporais importantes (data de nascimento, recebimento da denúncia, data do trânsito em julgado etc.);

3 – Fechamento (Eis o que cabia relatar ou outra expressão de preferência do candidato, etc.)

Exemplo: "Hermione Granger foi denunciada pelo crime previsto no art. 33, *caput,* c/c art. 40, I, da Lei 11.343/06, em virtude de ter sido presa em flagrante com 40 kg de cocaína, transportados em jatinho particular vindo da Colômbia e com destino ao Brasil, na data de 7 de janeiro de 2007.

Na data dos fatos, a acusada tinha 20 anos.

Recebimento da denúncia na data de 30 de janeiro de 2016.

Oferecida defesa preliminar, não acolhida pelo juízo.

Após as alegações finais, foi proferida sentença condenatória.

Em virtude de não se conformar com a referida decisão, apresenta-se o presente recurso de Apelação.

Eis o que cabia relatar".

Veja que, nos modelos apresentados, há uma versão sintética do ocorrido, a qual permite entender a controvérsia, mas não há delongas na explanação, o que garante mais espaço para a organização dos demais itens da peça.

Por sua vez, quando do início da explanação das partes eminentemente jurídicas, algumas pessoas gostam de colocar a palavra FUNDAMENTAÇÃO, em momento antecedente às tratativas de preliminares, de prejudiciais e do mérito.

Eu confesso que, na maioria das avaliações que realizei, sempre a coloquei, contudo, assistindo a uma aula sobre o Novo Código de Processo Civil, um professor disse que a utilização prévia do termo referido daria muito a ideia de peça de cursinho ou avaliação da OAB.

Dessa forma, fica a critério de cada candidato utilizá-la antes de adentrar na parte de direito. Nunca perdi pontos com isso, mas não poderia deixar de colocar essa ressalva para alertar sobre essa pequena controvérsia levantada.

Outra coisa que não poderia deixar de mencionar é sobre o cuidado que se deve ter na ordem de apresentação dos tópicos integrantes das preliminares, das prejudiciais e do próprio mérito.

Isso porque a ordem de apresentação desses itens deve corresponder ao melhor benefício advindo para a parte que está utilizando dos préstimos do Defensor e é preciso ter coerência quando de sua apresentação.

No modelo cível, é muito importante atentar para as "preliminares" descritas no art. 337, do CPC/15, quais sejam:

Art. 337. Incumbe ao réu, antes de discutir o mérito, alegar:

I – inexistência ou nulidade da citação;

II – incompetência absoluta e relativa;

III – incorreção do valor da causa;

IV – inépcia da petição inicial;

V – perempção;

VI – litispendência;

VII – coisa julgada;

VIII – conexão;

IX – incapacidade da parte, defeito de representação ou falta de autorização;

X – convenção de arbitragem;

XI – ausência de legitimidade ou de interesse processual;

XII – falta de caução ou de outra prestação que a lei exige como preliminar;

XIII – indevida concessão do benefício de gratuidade de justiça.

Uma dica que me foi fornecida e que entendo ser muito útil é que a preliminar de INCOMPETÊNCIA DO JUÍZO deve sempre ser analisada em primeiro lugar.

Ademais, as preliminares mais correntemente cobradas na parte de civil/processo civil são as de incompetência do juízo, ausência de interesse e de legitimidade e inépcia da inicial.

Desta forma, é importante conhecer quando cada uma delas pode ser alegada para que não sejam cometidos equívocos jurídicos na elaboração da defesa.

Na esfera penal, também no que se refere às preliminares, é indispensável conhecer as disposições do art. 564, do Código de Processo Penal, e art. 5º, LV, da Constituição Federal:

Art. 564. A nulidade ocorrerá nos seguintes casos:

I – por incompetência, suspeição ou suborno do juiz;

II – por ilegitimidade de parte;

III – por falta das fórmulas ou dos termos seguintes:

a) a denúncia ou a queixa e a representação e, nos processos de contravenções penais, a portaria ou o auto de prisão em flagrante;

b) o exame do corpo de delito nos crimes que deixam vestígios, ressalvado o disposto no Art. 167;

c) a nomeação de defensor ao réu presente, que o não tiver, ou ao ausente, e de curador ao menor de 21 anos;

d) a intervenção do Ministério Público em todos os termos da ação por ele intentada e nos da intentada pela parte ofendida, quando se tratar de crime de ação pública;

e) a citação do réu para ver-se processar, o seu interrogatório, quando presente, e os prazos concedidos à acusação e à defesa;

f) a sentença de pronúncia, o libelo e a entrega da respectiva cópia, com o rol de testemunhas, nos processos perante o Tribunal do Júri;

g) a intimação do réu para a sessão de julgamento, pelo Tribunal do Júri, quando a lei não permitir o julgamento à revelia;

h) a intimação das testemunhas arroladas no libelo e na contrariedade, nos termos estabelecidos pela lei;

i) a presença pelo menos de 15 jurados para a constituição do júri;

j) o sorteio dos jurados do conselho de sentença em número legal e sua incomunicabilidade;

k) os quesitos e as respectivas respostas;

l) a acusação e a defesa, na sessão de julgamento;

m) a sentença;

n) o recurso de ofício, nos casos em que a lei o tenha estabelecido;

o) a intimação, nas condições estabelecidas pela lei, para ciência de sentenças e despachos de que caiba recurso;

p) no Supremo Tribunal Federal e nos Tribunais de Apelação, o *quorum* legal para o julgamento;

IV – por omissão de formalidade que constitua elemento essencial do ato.

Parágrafo único. Ocorrerá ainda a nulidade, por deficiência dos quesitos ou das suas respostas, e contradição entre estas.

Art. 5º (...)

LV – aos litigantes, em processo judicial ou administrativo, e aos acusados em geral são assegurados o contraditório e ampla defesa, com os meios e recursos a ela inerentes;

No artigo 564, é preciso ter atenção com as reformas do CPP, as quais extinguiram, por exemplo, o libelo, por isso, a importância de se manter atualizado, para que o concurseiro não seja induzido ao erro.

Outrossim, no âmbito da peça penal/processo penal, as preliminares de maior incidência em certames são: incompetência do juízo, omissão de formalidade essencial no que diz respeito à prova da materialidade e cerceamento de defesa.

Por sua vez, tanto na esfera cível quanto na criminal, as "prejudiciais de mérito" mais cobradas dizem respeito à prescrição e à decadência. Ter esses dois institutos bem diferenciados é fator indispensável para não ter surpresas no momento da avaliação.

Lembrete: PRESCRIÇÃO – perda da pretensão e DECADÊNCIA – perda do próprio direito, ambas verificadas em decorrência da inércia estatal ou do particular, a depender de qual ramo está sendo tratado.

Importante ainda ter em mente, no que concerne às prejudiciais de mérito na seara penal, àquelas previstas no art. 107(causas extintivas da punibilidade) e arts. 181 a 183 (escusas absolutórias), todas do Código Penal:

Art. 107 – Extingue-se a punibilidade:

I – pela morte do agente;

II – pela anistia, graça ou indulto;

III – pela retroatividade de lei que não mais considera o fato como criminoso;

IV – pela prescrição, decadência ou perempção;

V – pela renúncia do direito de queixa ou pelo perdão aceito, nos crimes de ação privada;

VI – pela retratação do agente, nos casos em que a lei a admite;

VII – (Revogado pela Lei nº 11.106, de 2005)

VIII – (Revogado pela Lei nº 11.106, de 2005)

IX – pelo perdão judicial, nos casos previstos em lei.

Art. 181 – É isento de pena quem comete qualquer dos crimes previstos neste título, em prejuízo: (Vide Lei nº 10.741, de 2003)

I – do cônjuge, na constância da sociedade conjugal;

II – de ascendente ou descendente, seja o parentesco legítimo ou ilegítimo, seja civil ou natural.

Art. 182 – Somente se procede mediante representação, se o crime previsto neste título é cometido em prejuízo: (Vide Lei nº 10.741, de 2003)
I – do cônjuge desquitado ou judicialmente separado;
II – de irmão, legítimo ou ilegítimo;
III – de tio ou sobrinho, com quem o agente coabita.

Art. 183 – Não se aplica o disposto nos dois artigos anteriores:
I – se o crime é de roubo ou de extorsão, ou, em geral, quando haja emprego de grave ameaça ou violência à pessoa;
II – ao estranho que participa do crime.
III – se o crime é praticado contra pessoa com idade igual ou superior a 60 (sessenta) anos.

No "mérito", ao se analisar o âmbito cível é muito difícil enfatizar o que deve ser priorizado, em virtude da ampla gama de conteúdos cobrados que perpassam, desde a petição inicial, para a esfera recursal, para peças de execução ou ainda dentro de um cunho coletivo, difuso ou mesmo tributário.

Assim, dizer especificamente o que pode ser pedido é uma tarefa hercúlea e vai depender muito do que se exige na peça jurídica, por isso, os temas do anexo IX, não podem ser deixados de lado na preparação para a segunda fase.

Na esfera penal, a ordem de prioridade no desenvolvimento é mais previsível, apesar de não ser menos difícil em virtude dessa circunstância, e perpassa pelas seguintes teses:

1 – Atipicidade da conduta (formal ou material);

2 – Excludentes de ilicitude ou antijuridicidade (legítima defesa, estado de necessidade, estrito cumprimento do dever legal, etc.);

3 – Excludentes de culpabilidade (exigibilidade de conduta diversa, erro de proibição, dentre outras);

4 – Desnecessidade da pena (princípio bagatelar impróprio).

Além dessas, ainda há teses subsidiárias de mérito que, em regra, devem ser colocadas com o propósito de abarcar qualquer situação a que o réu se submeta, quais sejam:

1 – Desclassificação para um crime cuja incompetência do juízo seja reconhecida ou cuja pena fique mais branda (ex.: tráfico transnacional para tráfico local; roubo para furto, etc.)

2 – Dosimetria mais benéfica (reconhecimento da atenuante da confissão, exclusão de alguma qualificadora ou agravante, entre outras);

3 – Substituição de pena e *sursis*;

Por último, temos o item referente ao "Pedido", que nada mais é do que um resumo sintético de tudo o que já foi retratado na petição.

Nele, não deve vir informação nova, a qual não foi especificada anteriormente, sob pena de que sejam perdidos pontos no quesito coerência, visto que se o pedido é uma suma do que já exposto, seria extremamente contraditório trazer tese nova dentro de seu interior.

Ademais, nesse espaço, devem ser reforçadas as prerrogativas da Defensoria e é preferível separar cada manifestação em parágrafos diversos, a fim de facilitar a visão do avaliador sobre cada ponto tratado na petição.

É certo que o ideal é trazer cada argumento em um parágrafo separado, mas nem sempre isso é possível, em decorrência do espaço que fica reservado depois do término do desenvolvimento da fundamentação.

Assim, meu conselho é que se tome cuidado para não deixar um número de linhas muito restrito para a confecção do pedido. Isso porque, em regra, o avaliador pontua a adequação do que veio contido no desenvolvimento da parte jurídica com aquilo que foi colocado no último item da peça.

Deste modo, inclusive, é indispensável que a ordem utilizada na fundamentação seja mantida nesse tópico final.

Importante esposar que se o raciocínio da argumentação de direito não veio retratado no pedido, é certo que a pontuação será diminuída. Nesta senda, para evitar perder pontos preciosos na petição, faz-se imprescindível não olvidar esses pequenos detalhes.

Mister frisar ainda que, no modelo cível, na esfera da petição inicial e da contestação, deve vir a especificação de provas com que se pretende comprovar as alegações formuladas, bem como na primeira peça ainda é necessário pormenorizar o valor da causa para fins de fixação da competência do juízo.

Ademais, é praxe fechar o "Pedido" com a expressão "Nesses termos, pede deferimento" ou "Termos em que, pede deferimento".

Além do exposto, não se pode esquecer de colocar o local e a data. E, quando estes não forem especificados na peça prática, não os invente, sob pena de o examinador considerar que se está identificando a avaliação e, com isso, zerar a sua prova.

Desta forma, se nenhum lugar ou período de tempo for mencionado no certame, simplesmente coloque "Local, data".

Por derradeiro, o fechamento da peça deve conter a assinatura, dispondo apenas da expressão "Defensor Público Federal".

Lembre-se: NUNCA, mas NUNCA coloque seu nome ou invente um nome para constar na petição. A identificação vai fazer com que a nota atribuída seja 0,0 (zero).

Outra dica primordial é sempre fazer constar a firma com a nomenclatura de "Defensor Público Federal", pois caso não esteja presente, a petição é considerada apócrifa e, em alguns certames mais rígidos, a peça pode chegar a sequer ser corrigida com a atribuição de nota zero.

Feitas essas observações, segue sugestão de como deve ser disposto o "Pedido":

Modelo Cível (petição inicial):

"Por todo o exposto, com fundamento no art. 487, inciso I, do Código de Processo Civil, **requer-se**:

a) o recebimento da inicial e a concessão dos benefícios da Justiça Gratuita, nos termos do art. 98 e ss. do CPC, assim como a observância das prerrogativas conferidas aos Defensores Públicos Federais, previstas na Lei Complementar 80/1994, em seu art. 44, especialmente quanto à intimação pessoal de todos os atos do processo e contagem em dobro dos prazos processuais;

b) a concessão de tutela de urgência (quando requerida);

c) a citação dos demandados;

d) a intimação do membro do *parquet* federal (apenas nos casos em que a intervenção desse agente se faça necessária);

e) sejam julgados totalmente procedentes os pedidos deduzidos na presente ação, para (...).

f) a condenação dos demandados ao pagamento dos honorários sucumbenciais, nos termos do que dispõe o art. 4º, XXI, da Lei Complementar nº. 80/1994, incluído pela LC nº. 132/2009.

Protesta-se provar o alegado por todos os meios de prova em direito admitidos, notadamente pela juntada posterior de novos documentos/ prova documental/pericial.

Atribui-se à causa o valor de ___, para fins fiscais.

Nesses termos, pede e aguarda deferimento.

Local, data.

Defensor Público Federal"

Modelo Penal (Memoriais):

"Ante o exposto, requer-se:

a) A concessão do benefício da justiça gratuita, nos termos do art. 98 e seguintes do NCPC;

b) O respeito às prerrogativas dos Defensores Públicos Federais, previstas no art. 44, da LC 80/94, em especial o prazo em dobro e a intimação pessoal;

c) A absolvição do réu, pelo reconhecimento da prejudicial de mérito referente à (...), com fundamento no art. (...);

d) Em sede preliminar, que seja reconhecida a (...), em virtude da previsão contida no art. (...);

e) No mérito, haja o reconhecimento da absolvição do acusado (...), com fundamento nos arts. (...);

f) Subsidiariamente, em atendimento ao princípio da eventualidade, em caso de condenação, sejam aplicadas as seguintes medidas (...).

Nesses termos, pede deferimento.

Local, data.

Defensor Público Federal"

Tendo essas considerações em mente, a capacidade de desenvolver os tópicos fica bem mais estruturada e coerente e o desenvolvimento das peças se torna algo natural e mais facilitado.

Preciso esposar que os resultados depois de aplicar esses modelos organizatórios foram surpreendentes, fui aprovada na DPE-PE, na DPE-CE e na DPU, ou seja, em todos os certames que fiz depois disso. Além dessas, ainda logrei êxito na segunda fase da Defensoria Pública do Estado do Maranhão.

Fiquei muito feliz em verificar que todo o esforço despendido estava começando cada vez mais a render frutos.

Outrossim, quero deixar registrado que o só fato de ter contratado um *coach* não foi suficiente para adquirir resultados positivos, mas a contribuição que recebi agregada aos estudos que já vinha realizando, potencializaram os resultados.

O que não quer inferir que não se consiga alcançar o mesmo feito com comprometimento, organização e estratégia, ainda que se prefira fazê-lo sozinho ou em grupos de estudos.

Na minha experiência, foi muito benéfico o auxílio desse profissional, porque ele me ajudou a enxergar os equívocos que estava cometendo e que resultaram em dois resultados negativos em segundas etapas de provas.

Com tudo isso, aprendi que não importa o quanto se erre, desde que o objetivo seja acertar, afinal é importante lutar e continuar na luta, ter audácia, pois a "derrota" de hoje, pode resultar na vitória de amanhã.

A segunda fase é um caminho bem árduo de ser seguido, requer um nível de dedicação bem elevado, mas com uma preparação eficiente, estudos constantes e persistência (Sim, sempre ela!), é possível atingir o alvo.

Ademais, acreditar que se pode conseguir é um passo fundamental para chegar naquilo que sonhamos, pois nenhuma das pessoas que conquistou algo transcendente deixou de crer que um dia conseguiria realizar o que foi planejado.

Não ter medo de seguir em frente, mesmo diante dos sofrimentos, também torna o espírito mais forte.

Não ter receio de mudar quando algo dá errado, de adaptar os estudos, de modificar a estratégia, tudo é válido para conseguir o êxito.

Conforme expõe Camões[2]:

Mudam-se os tempos, mudam-se as vontades

---

2. CAMÕES, Luís Vaz de. Sonetos. Porto Alegre: L & PM, 1998, p. 31.

> Muda-se o ser, muda-se a confiança:
> Todo o mundo é composto de mudança,
> Tomando sempre novas qualidades.

Concluo esse capítulo dizendo que após as mudanças realizadas, o segundo passo da escada foi dado, faltava o terceiro.

IV

APROVADO PARA A ORAL

Tenho que esposar que é uma verdadeira sensação de satisfação e de ultrapassar obstáculos que permeia a chegada na prova oral.

Depois de uma longa jornada de submissão às intempéries das provas objetiva e discursiva, o tão aguardado e temido momento se transformou em realidade, aquele em que, pela primeira vez, teremos que apresentar verbalmente os conhecimentos adquiridos ao longo de toda a vida acadêmica e o período após a graduação.

Assim como ser aprovado para a segunda fase permite que se tenha uma impressão inicial de dever cumprido, passado esse momento de euforia, inicia-se um período de muita ansiedade e isso é comum em todas as pessoas que vão realizar a 3ª etapa.

É muito recorrente ouvir nos cursinhos preparatórios que, em pesquisa realizada pelo jornal Sunday Times, o medo de falar em público está à frente do receio pela morte[1].

---

1. ABPR. Medo de falar em público é maior do que o da morte para 41% das pessoas, diz pesquisa. Disponível em: http://www.abrh-pr.org.br/medo-

Esse dado é desesperador, mas, para muitos estudantes, é uma situação extremamente verdadeira.

[2]

Há uma angústia, porque temos a impressão de que caímos de paraquedas, que a nossa capacidade não é suficiente, que vamos ter um branco e que tudo, absolutamente tudo, vai dar errado.

O receio é maior porque, em regra, as bancas fornecem um prazo muito curto entre a divulgação do resultado da 2ª fase até a realização da prova oral.

Para se ter uma ideia, no V Concurso da Defensoria Pública da União, entre o resultado definitivo (30 de março de 2015) e a realização da oral (10, 11 e 12 de abril de 2015), restou um período inferior a 15 dias para a preparação.

Deste modo, não adianta ficar chateado pelo prazo exíguo, é hora de respirar fundo, tentar recompor todas as forças e buscar nova organização diante desse momento de tensão, mas além de tudo isso é necessário que a preparação tenha iniciado antes da divulgação do resultado, do contrário, é impossível

---

de-falar-em-publico-e-maior-que-o-da-morte-para-41-das-pessoas-diz-pesquisa/. Acesso em 3 de junho de 2016.

2. Imagem disponível em: http://2.bp.blogspot.com/-u6oPEQNilcY/TWJrpIqKUfI/AAAAAAAAAG0/dqwWb82O6BQ/s1600/medo.bmp. Acesso em 3 de junho de 2016.

revisitar alguns temas que são essenciais antes da realização da prova oral.

Eu tive a felicidade de ser aprovada em todas as provas orais que realizei, ao todo prestei 4 (quatro) provas orais de Defensorias Públicas.

A minha primeira prova oral foi a Defensoria Pública do Estado de Pernambuco e, nesse certame, não pude me inscrever em um cursinho especializado porque estava trabalhando no interior do Estado do Ceará, o prazo entre a divulgação do resultado definitivo e a convocação para a oral foi de, aproximadamente, 5 (cinco) dias e, por conta disso tudo, não foi possível fazer algo mais direcionado.

Para a minha grande satisfação, na época, como analista do Tribunal Regional da 5ª Região, pude contar com a ajuda de dois amigos que já haviam realizado prova oral anteriormente e que me deram várias dicas jurídicas e também comportamentais, bem como treinaram comigo, simulando o dia da prova.

Ainda pude contar com o apoio do Juiz da Seção Judiciária que, além de ter me chamado, especialmente, para conversar sobre a preparação da prova oral, permitiu a redução de minha carga horária durante a semana para que eu pudesse estudar.

Tenho certeza que Deus os colocou ali e que essas pessoas foram verdadeiros anjos em minha vida.

Nunca havia passado por essa experiência antes, então, tentei absorver tudo o que me falaram, eu estava tão ansiosa que, no dia da prova, eu não me lembrava de nada que havia aprendido durante a semana, seja dicas de postura, dicção, NADA, mas fui assim mesmo.

No final, graças ao treino com meus amigos e o conhecimento adquirido ao longo dos anos de estudos, foi possível atingir o resultado positivo, mas percebi que não precisaria ter passado por toda essa sensação de *stress*, se eu tivesse me preparado com maior antecedência.

Isso porque, o peso da responsabilidade de estar nessa fase já é bem grande, então, sentir que não se fez todo o possível para se aperfeiçoar, não deve ser mais um obstáculo criado no caminho.

Ademais, se o hábito de falar e estudar em voz alta, trabalhar a dicção e a postura, além do conhecimento, já estivesse entranhado em mim, tenho a convicção de que estaria ainda ansiosa, mas o receio de não ter utilizado todos os meios ao meu alcance estaria desvanecido e, com uma preocupação a menos, o meu espírito estaria mais leve.

Conforme aduz Aristóteles: *"Quanto à argumentação e ao ensino [...] é preciso cultivar a alma do estudioso por meio de hábitos [...]"*.[3]

Assim, comecei a dar maior valor a estudar em voz alta, tentar trabalhar melhor a dicção durante as minhas sessões de estudos, até porque aguardava os resultados das segundas fases da DPU e da DPE-CE, então, tinha que começar a adquirir o hábito de analisar a doutrina (Anexo XIII), não mais de forma silenciosa para poder me acostumar com a minha própria voz.

Isso parece até contraditório, eu sei, mas mesmo tendo convivido com a minha a voz durante toda a minha existência, lembro-me de uma oportunidade em que minha amiga, a qual teve todo o cuidado de treinar comigo antes da prova da DPE-PE, disse que iria gravar a arguição.

Falei a ela que não seria necessário, porque conhecia o som que saía dos meus lábios, contudo, quando ela me gravou,

---

3. ARISTÓTELES, Coleção os Pensadores: Ética a Nicômaco. Nova Cultural: São Paulo, 1991, p. 119.

recordo-me de como foi estranho ver o meu comportamento e escutar o que eu falava.

Simplesmente, falava tão rápido que, às vezes, nem eu mesma entendia o que queria dizer, minha mão tremia tanto quando fiz a primeira rodada de perguntas na arguição fictícia, enfim, graças a Deus que realizei esse teste antes, porque pude corrigir algumas falhas, mas estava determinada a não passar por essa sensação novamente.

E, por isso, a minha resolução foi a de que eu deveria me preparar e posso dizer, sem sombra de dúvidas, que essa foi a melhor escolha que poderia ter feito.

Assim, quando saiu o resultado preliminar das questões discursivas e das peças da Defensoria Pública da União e meu nome já havia saído na lista de aprovados, comecei a organizar a minha nova preparação.

Nesse ínterim, peguei provas de certames anteriores para ter noção de quais temas tinham mais incidência, comecei a treinar com amigos e com o próprio espelho, gravava vídeos quando elaborava minhas perguntas e respostas e recebi um conselho de que também deveria criar um roteiro definido de resposta para as perguntas formuladas.

O roteiro foi muito similar ao adotado nas discursivas, mas trabalhava com três parâmetros: 1º) situações em que a banca permite ao candidato desenvolver uma resposta longa e não costuma interromper o desenvolvimento do questionamento formulado; 2º) examinadores que demandavam respostas mais rápidas e trabalhavam com reperguntas; 3º) ausência de conhecimento inicial com relação ao teor da resposta.

Para o primeiro grupo, entendi que a estratégia adotada nas discursivas, com um modelo parecido ao que já tinha utilizado como método de estudo, seria o mais adequado, qual seja:

1 – Histórico;

2 – Conceito;

3 – Embasamento legal (quando me recordasse, vez que não se pode parar a resposta tentando lembrar de qual o artigo fundamenta o instituto, bastando a menção genérica da norma jurídica em que previsto);

4 – Resposta ao questionamento formulado, se possível com a citação de súmulas e jurisprudência;

5 – Conclusão.

Esse roteiro traçado tem o objetivo de desenvolver todas as potencialidades, visto que, quando se sabe acerca do assunto pedido, deve ser desenvolvida ao máximo a capacidade jurídica, inclusive, apresentando a posição majoritária e minoritária sobre o tema, mas nunca emitindo juízo de valor sobre qual deve prevalecer, salvo quando questionado pelo avaliador.

Nesta alçada, quando se conhece o conteúdo, é indispensável esmiuçar cada aspecto da resposta para demonstrar a ciência sobre o tema, a capacidade de articulação de ideias e o embasamento jurídico e, por isso, desenvolver esse modelo mental nos treinos, gerou organização e coerência nas respostas, porque sempre quando tinha conhecimento sobre a questão tratada, procurava desenvolver o raciocínio dentro dessa estrutura, tentando abarcar ao máximo os assuntos constantes do espelho de correção.

Por sua vez, quando se está diante de examinadores que desejam do candidato uma resposta objetiva, essa construção não pode ser utilizada, sob pena de irritar a banca e criar uma antipatia natural quanto ao candidato e nunca é bom ter essa resistência, porque a atribuição da nota depende daqueles.

Recordo-me de relato de um colega que, em uma prova oral, cometeu o equívoco de corrigir um dos avaliadores de sua banca. Desse momento em diante, ele adquiriu um inimigo dentro daquele ambiente. Tudo o que respondia, era-lhe devolvido com novas reperguntas mais difíceis e com comentários sarcásticos sobre a sua capacidade intelectual, então, ocorreu um desgaste enorme e desnecessário.

Evite esse tipo de confronto.

Neste bojo, para perguntas mais diretas, o desenvolvimento da minha resposta era mais curto, abrangendo:

1 – Resposta ao questionamento formulado;

2 – Embasamento legal;

3 – Nas reperguntas, citação de súmulas e jurisprudências, quando houvesse alguma adequada ao tema.

Também tinha o cuidado de tentar antever qual a repergunta que seria feita posteriormente, para tentar não ser pega de surpresa.

Claro que nem sempre isso é possível, mas alguns examinadores dão dicas sobre como a arguição vai continuar.

A título de exemplo, na minha avaliação no V Concurso da Defensoria Pública da União, fui questionada acerca da inversão do ônus da prova em Direito do Consumidor e, quando se iniciou a pergunta, lembrei de um julgado do Superior Tribunal de Justiça, de duas semanas antes do certame, que falava sobre esse instituto, tratando-o dentro da esfera de direito processual e cuja incidência deveria ser observada como regra de saneamento e não de julgamento, então, comecei a esperar que essas diretrizes fossem seguidas.

Para a minha grande satisfação, a ordem das perguntas foi exatamente essa:

1 – **O que é inversão do ônus da prova?** R: Respondi objetivamente e com embasamento legal;

2 – **É regra de direito processual ou material? Por quê?** R: Afirmei ser de direito processual e expliquei os motivos pelos quais cheguei a essa conclusão;

3 – **Pode ser aplicada até que fase do processo?** R: Informei ser regra de saneamento;

4 – **Qual a diferença na aplicação como regra de saneamento ou de julgamento?** R: Por fim, respondi as principais consequências advindas da adoção da inversão do ônus da prova em cada um desses perfis.

Ao final, o examinador se deu por satisfeito e logrei uma ótima pontuação.

Oportuno colimar que, além da clara vantagem de se preparar para a resposta, a tentativa de buscar antever o que o avaliador vai questionar é uma forma também de procurar levar a pergunta para um caminho que se conhece, em detrimento de uma temática de total desconhecimento do concurseiro.

Por exemplo, em um questionamento que abranja mutação constitucional e *overruling*, se eu conheço os dois temas, devo responder de maneira objetiva sobre o que representam e qual a sua natureza jurídica, contudo, jamais devo citar institutos paralelos, tais como o *distinguishing* e o *overriding*, se não faço ideia do que são, pois a mera citação desses temas, pode estimular a banca a iniciar perguntas que não estavam dentro de sua orientação inicial, o que, fatalmente, vai fazer com que o candidato erre.

Assim, quando se sabe o questionamento, o ideal é que se tente extrair o máximo de tempo dentro daquele tema, tentando direcionar a resposta para que sejam evitadas surpresas desagradáveis nas reperguntas.

Em um caso verídico que me foi relatado, um candidato tentou demonstrar excesso de conhecimento jurídico, o qual não possuía, em uma determinada pergunta simples acerca do que era o princípio da insignificância e quais os seus requisitos.

Ele sabia da resposta, mas tentou dar uma valorizada ao informar que o referido instituto se enquadrava como princípio bagatelar próprio.

Ocorre que se havia o princípio bagatelar próprio é porque também existia o impróprio, mas o pequeno problema é que o avaliado não sabia distinguir a diferença entre um e outro, o que lhe acarretou não somente a perda de pontos, mas ainda o *stress* de passar toda a avaliação tentando desenvolver a resposta de um conceito que não fazia sequer ideia de quais as suas características.

Desse modo, fica o alerta de que, nas perguntas diretas, responda ao que lhe foi exigido, tente antever o que vai ser perguntado, mas não procure apresentar um conhecimento que você não dispõe, porque isso pode se voltar contra as suas próprias pretensões de sucesso.

Responda de maneira simples, adequada, coerente e, se o avaliador permitir, aprofunde o tema com jurisprudência e súmulas e demonstre a sua preparação, sempre tendo o cuidado de não cometer deslizes para que o examinador não enxergue os seus pontos fracos.

A banca não é um bicho de sete cabeças e não deve ser encarada assim, mas apenas como um meio necessário para a garantia da aprovação. Contudo, sempre é importante ter redobrada atenção para que falhas desnecessárias não sejam cometidas, para não dar subsídios para que a prova saia de controle.

É certo que ninguém sabe de tudo, mas quando se explora o próprio conhecimento e quando se utiliza o tempo de prova de maneira inteligente, a chance de alcançar resultados favoráveis é mais palpável.

Outrossim, uma situação mais chata ainda é a terceira, quando há um desconhecimento seja inicial ou completo do questionamento formulado pela banca.

Seja quando os examinadores permitem que o candidato desenvolva o tema de maneira livre, seja quando exigem respostas diretas, quando não se sabe o tema, a situação chega a ser desesperadora.

No primeiro caso, quando os avaliadores deixam o candidato à vontade para se expressar e atingir o resultado do que foi perguntado, há uma hipótese um pouco menos desconfortável, porque é possível iniciar com temas paralelos, tentando definir ao menos o conceito do que foi questionado e, a partir daí, talvez a resposta venha ao candidato de maneira natural, após o susto de ter a impressão de desconhecer o objeto de cobrança.

Nesses casos, a sugestão que dou para o desenvolvimento do raciocínio é:

1 – Nunca demonstre já, em um primeiro contato com a banca, que desconhece a temática;

2 – Não peça dicas diretas aos examinadores de maneira imediata;

3 – É preferível tentar identificar a natureza jurídica, falar de temas paralelos conhecidos e tentar formular um conceito do que permanecer em silêncio eloquente;

4 – A partir dessa tentativa de definição conceitual pode vir a resposta ao examinado, mas se não vier, aí sim, após o esforço emanado em buscar esclarecer a temática, é que se faz possível questionar ao avaliador se não há um instituto similar ou se não haveria uma diretriz para o desenvolvimento do conteúdo requerido.

O caso de não saber uma resposta e depois ela vir a mente, após o esforço inicial, já aconteceu comigo, parece que o cérebro, nesse momento, funciona como duas pedras que precisam ser friccionadas para sair faíscas.

Também já passei pela situação em que, mesmo diante da tentativa de conceituação dos temas, não foi possível atingir a resposta requerida e, por isso, pedi uma diretriz, perdi alguns pontos, mas consegui responder de maneira adequada, após a dica fornecida pelo examinador.

Ambos foram verificados na prova oral do V Concurso da Defensoria Pública da União, então, é bem possível que isso aconteça, pois não há condições de dominar todo o assunto cobrado, mas o ponto principal é não se desesperar, não chorar e tentar se concentrar em encontrar uma solução para essa situação limite, visto que o examinador leva em consideração o esforço de quem está tentando responder, ainda que não saiba.

Ademais, *lembre-se que: o conhecimento jurídico é muito importante, mas também há outros itens sendo avaliados e, caso não se pontue naquele tópico, pelo menos se deve buscar não perder pontos nos demais.*

Outrossim, situação diversa ocorre quando o avaliador exige respostas diretas, porque ainda que se tente abarcar a resposta por meio da conceituação de institutos paralelos, possivelmente, o candidato será impedido de prosseguir na resposta.

Nesse caso, não há o que fazer, deve-se buscar a orientação do examinador e, em regra, é fornecida uma diretriz ao avaliado, mas é importante só pedir UMA informação, para que não haja indisposição da banca.

Quando se pede uma dica, a nota é diminuída, mas se o direcionamento do avaliador for bom, essa pequena retirada de pontos não vai comprometer o resultado final.

Além disso, é melhor solicitar um norte para tentar encontrar uma solução do que apenas proferir a resposta clássica do: "Não me recordo, Excelência".

No certame da DPU, aconteceu comigo o fato de, em Direito Previdenciário, ter estudado bastante os benefícios, as hipóteses de LOAS, dentre outros temas mais afetos à atividade fim, contudo, a pergunta que me foi feita era relacionada ao regime próprio, questionando se era possível a aplicação do instituto do abono de permanência aos Defensores Públicos Federais.

Confesso que fiquei assustada com o rumo que a pergunta tomou, porque jamais previ que seria cobrado o regime aplicável aos Defensores, em detrimento de perguntas que fossem direcionadas para a elucidação de casos em favor de assistidos da DPU.

Passada essa surpresa inicial, tentei descrever o conceito de abono de permanência e o avaliador logo me disse que sabia o que era e que a pergunta não era essa.

Daí, não teve jeito. Pedi uma diretriz, ele me forneceu algum subsídio no qual eu devia me direcionar, tentei formular um embasamento coerente e não atingi a pontuação que desejava, mas consegui construir um raciocínio adequado e consegui ser aprovada.

Neste escopo, é importante não desistir de encontrar uma resposta à pergunta realizada, pois a utilização da expressão "não me recordo" deve ser empregada em último caso e somente depois de esgotadas todas as tentativas de acerto, em virtude de se procurar construir no avaliador uma impressão favorável ao examinado para que atribua uma pontuação comedida quando da análise do conhecimento jurídico, mas aplique a pontuação integral aos demais itens da avaliação.

Diante disso, entendo que a vontade de vencer deve ser superior ao medo de errar e é isso que deve motivar o candidato na sua incessante procura pelo aperfeiçoamento, pois o receio de tentar não deve ser um obstáculo.

Não é preciso ter vergonha de dar uma resposta errada, em outro parágrafo enfatizei que ninguém sabe de tudo, assim, qualquer tentativa de acerto demonstra personalidade para enfrentar os desafios e não se curvar perante eles, bem como mostra o espírito aguerrido de um Defensor e esse é um item de especial valia para o candidato que presta o concurso da DPU.

Ademais, além de fixar esses pontos que entendi fundamentais para lidar com as situações advindas da prova oral, também decidi fazer um cursinho, com profissionais da área, com o propósito de alcançar mais segurança e uma ambientação maior ao clima de um certame, com a reprodução de como seria no dia dessa etapa e, com isso, retirar a sensação que tive quando de minha primeira avaliação na DPE-PE, a de que não tinha feito todo o possível na minha preparação rumo a essa fase.

Esse curso preparatório que realizei, teve duração de quatro dias, e foi compactado em vários momentos: simulação da prova, dicas, aulas específicas sobre determinados temas mais atuais e correlatos à Defensoria, esquematização de jurisprudência, avaliação do candidato quanto aos pontos que precisariam ser melhorados, análise do perfil dos examinadores da banca avaliadora, algumas diretrizes comportamentais para a data do certame, enfim, foi muito útil e bem completo.

Antes de fazer esse curso, estava bastante receosa em iniciar esse tipo de preparação, porque tinha a impressão de que não seria avaliada apenas pelos professores que iriam realizar os simulados, mas também pelos outros candidatos e, principalmente, por estes, que seriam meus concorrentes quando da avaliação.

Esse receio, contudo, desvaneceu-se assim que comecei a frequentar as aulas, pois todo o clima entre os candidatos e os professores presentes foi de completa solidariedade e de ajuda recíproca.

O modelo de simulado foi extremamente interessante, pois a turma foi dividida em quatro grupos, assim como os professores foram divididos em quatro equipes, e, a cada dia, as pessoas passavam por uma banca correspondente ao grupo de disciplinas[4] que seriam cobradas na prova oral. Ainda, enquanto o candidato era arguido, os demais prestavam atenção na pergunta para absorver o conteúdo tratado, desse modo, foi possível estudar uma gama considerável de questões, mesmo sem estar diretamente sendo questionado sobre algum tema.

Ademais, como o treino seguia o modelo de prova, cada estudante devia se portar como se estivesse no dia de sua prova oral, ou seja, direcionando-se à banca quando fosse sentar na cadeira, falando o seu nome em voz alta, sentando-se com postura, enfim, todos os itens que seriam exigidos no certame foram devidamente trabalhados.

Além dos simulados, tivemos também algumas aulas de jurisprudência, com métodos mnemônicos para fixar o assunto, bem como outras relacionadas a temas que são afetos a DPU e que poderiam ser cobrados.

Não bastasse isso, também foi feita análise de cada um dos examinadores, esposando detalhes acerca de seu trabalho acadêmico ou na Defensoria Pública da União, bem como apontando algumas tendências de questionamentos que poderiam ser abordados, além de indicar o perfil quando de participação em bancas (avaliador rígido ou mais tranquilo).

Interessante é que eu fiz a análise da banca (CESPE), na primeira fase, com o intuito de verificar quais os temas de maior incidência e o estilo de prova, mas, até ter feito o curso preparatório, não havia atentado ao fato de que também era

---

4. Grupo I- Civil, Processo Civil, Direito Administrativo e Direito do Consumidor; Grupo II- Penal e Processo Penal; Grupo III- Previdenciário, Princípios Institucionais, Trabalho e Processo do Trabalho e Grupo IV- Constitucional, Humanos e Internacional.

importante analisar os examinadores, quando da divulgação dos membros componentes da prova oral.

Isso porque, a tendência dos avaliadores é questionar sobre conteúdos que estejam em sua esfera de domínio. Assim, tentar traçar um perfil do examinador, com os assuntos de sua predileção, livros e artigos escritos, área de atuação, permite ao estudante ser mais assertivo quando da preparação nos estudos.

Além disso, o curso preparatório também forneceu apostilas, divididas em grupos, conforme a separação prevista no edital da DPU, com o objetivo de complementar os conteúdos já estudados, quando dos simulados, fato que contribuiu de forma assente na preparação, pois permitiu que eu continuasse os treinos em minha própria casa.

Dessa forma, posso dizer que, foi extremamente positiva a preparação com um curso voltado especificamente ao concurso a ser prestado, pois o direcionamento das perguntas, as orientações nos treinos e a ambientação com o estilo da etapa oral, adicionam uma segurança necessária para que se chegue no dia da prova com a sensação, não de que se está completamente preparado, mas que o estudo realizado e o esforço despendido têm a perspectiva de render frutos.

Contudo, é bom saber que o curso preparatório não é essencial para a aprovação, como demonstra a minha própria experiência na DPE-PE, pois o resultado positivo vem com a dedicação do concurseiro ao longo de todo o seu período de estudos.

Mister, entretanto, dizer que, ainda que não se opte por uma preparação em cursos específicos, não se deve olvidar de treinar, seja com amigos ou no próprio espelho, para que a data da prova não seja o único momento em que tenha que falar em voz alta, apresentar uma boa postura e ter um bom desenvolvimento de resposta.

E nesses itens, não me arrependo de ter feito cursinho para a oral, pois os treinos foram exaustivos, visando exatamente a que tivesse uma maior leveza em falar em público, para que não me sentisse tensa quando os examinadores fossem ríspidos, para adquirir direcionamento de estudos na reta final, em resumo, adquiri um grande acréscimo de conhecimento e pude compartilhar de meu sofrimento com outras pessoas, que estavam na mesma situação e que me ajudaram a não carregar o fardo sozinha.

Depois do curso, chega o grande dia.

Nessa data, os candidatos ficam em uma sala separada, em que há o sorteio da ordem de arguição e do grupo de avaliadores a qual o candidato será destinado (na DPU, havia duas bancas de examinadores).

Quando estava nesse local, pude ver vários de meus colegas de cursinho e aliviar um pouco a tensão com eles. Nesse ambiente, também fiz novas amizades, bem como conversei sobre possíveis temas de cobrança.

Particularmente, gosto de conversar nessa salinha, antes da prova, sobre temas triviais e sobre algumas dúvidas acerca de assuntos do edital e, por coincidência, alguns conteúdos discutidos nesse lugar foram objeto de cobrança em minha arguição.

Na prova da DPU, é importante atentar ainda que, o conhecimento jurídico é apenas um dos tópicos a ser objeto de avaliação e, apesar de ter sido o de maior pontuação (valeu 60% da nota), deve haver o cuidado com os demais itens, quais sejam: emprego adequado do vernáculo, articulação do raciocínio, postura e dicção.

Quanto aos itens não jurídicos, confesso que ainda não me sentia completamente preparada, mas enfrentei esse desafio.

Em cada uma das bancas, em total de quatro, é possível sentir um nível diferente de tensão.

Primeiro, fiquei sentada em frente ao avaliador em cada um de meus treinos, só que na oral da DPU, a prova foi realizada em pé, diante de uma bancada. Como já tinha feito a DPE-PE, e lá a posição em que ficávamos era exatamente essa, então, a surpresa não foi tão grande.

Dois examinadores eram divididos nas 4 (quatro) bancas que representavam os grupos previstos no edital e não havia ordem para a arguição. Assim que liberada uma sala, imediatamente o candidato se dirigia para esse ambiente.

Fui primeiro arguida no grupo IV (Constitucional, Direitos Humanos e Internacional).

Nesse grupo, o que mais achei interessante foi a forma de abordagem, pois apesar da teoria ter sido cobrada em um momento inicial, depois foi exigida a aplicação da doutrina com a prática na vida real.

A examinadora deu um exemplo de uma situação possível de ser verificada em uma atuação da Defensoria Pública da União e me pediu que desse uma solução jurídica para o caso. Ademais, ela ia modulando a pergunta, abordando diferentes ângulos possíveis e eu tinha ou que manter a minha resposta ou adaptá-la de acordo com a mudança de direcionamento apresentada.

Foi bem estimulante, mas pensar em uma solução de maneira célere, em um ambiente de prova, não é nada fácil e, por isso, gostei muito do treino, porque me permitiu desenvolver um raciocínio mais rápido.

Uma dica que dou nesses casos é parar um pouco para respirar antes de responder.

Às vezes, a precipitação acaba em propiciar que as nossas respostas não saiam corretas ou coerentes.

Assim, antes de qualquer resposta, caso se saiba ou não o questionamento, é importante refletir um pouco, mas lembre-se a parada não deve ser muito longa, e caso se precise de algum tempinho a mais, beba ao copo de água que é oferecido ao candidato e depois apresente as suas conclusões.

Essa parada para a reflexão é necessária porque conduz a uma organização de ideias e permite uma resposta eloquente, pontuando assim no domínio do conhecimento jurídico e na articulação do raciocínio, fatores extremamente úteis para uma boa avaliação.

Depois de ter passado pelo grupo IV, fui direcionada para o rol de matérias que eu mais temia, referente ao Grupo III (Princípios, Previdenciário, Trabalho e Processo do Trabalho).

Não é exatamente pela dificuldade dessas matérias que fiquei nervosa, principalmente das três últimas, mas meu receio se dessumia porque, na época, tinha pouco contato com as disciplinas de Previdenciário, Trabalho e Processo do Trabalho.

Diante disso, dediquei-me com muito mais afinco ao estudo desse grupo, porque entendi que precisaria despender um maior esforço na preparação.

Lembro-me que um dia antes da prova, conferi todas as alterações legislativas ocorridas em Trabalho e Processo do Trabalho e ainda tentei ver algumas súmulas e OJ's.

Para a minha felicidade, a questão de processo do trabalho cobrou exatamente a alteração legislativa que havia estudado.

Nesse momento, verifiquei a grande importância de estar em constante atualização. Se tivesse deixado o tema de lado não iria fazer ideia do que me foi perguntado.

Por isso, entendo que o estudo da norma jurídica, assim como na primeira fase, é de especial importância e não pode ser olvidado na prova oral.

Por sua vez, os professores do curso preparatório alertaram para a necessidade do estudo das súmulas do TST e das OJs em Direito do Trabalho e segui as diretrizes deles, pela experiência com o trato nessa disciplina.

Posso afirmar que eles foram extremamente assertivos, pois a avaliadora forneceu a explanação de uma situação concreta e questionou o entendimento contido em uma súmula do Tribunal Superior do Trabalho.

Saí dessas matérias com a sensação de dever cumprido e comecei a ser arguida pelo outro examinador.

Em Previdenciário, a minha preparação de véspera consistiu em rever todos os benefícios de maior incidência (pensão por morte, aposentadoria por idade, por invalidez, por tempo de contribuição, auxílio-doença, entre outros) e a parte da Lei Orgânica da Assistência Social.

Como mencionei anteriormente, tive a infelicidade de não ter nenhum desses assuntos cobrados.

Meu questionamento foi bem específico e tive que me virar na resposta, já que não detinha conhecimento sobre o que perguntado. O importante foi manter a calma e seguir.

Mas, em conversa com meus colegas de prova, após o certame, pude constatar que a maioria deles foi questionada sobre os temas revistos por mim, antes de prestar a avaliação. Então, concluí que a minha preparação foi adequada, apenas o meu sorteio de ponto é que não foi favorável, mas ainda assim deu certo no final.

Como disse Fernando Sabino[5]: *"No fim, tudo dá certo, se não deu certo é porque ainda não chegou ao fim".*

---

5. SABINO, Fernando. Pensador. Disponível em: http://pensador.uol.com.br/frase/MTQxNDQ2/. Acesso em 9 de junho de 2016.

Depois disso, já em Princípios Institucionais, fui questionada sobre um artigo previsto na Lei Complementar n° 80/94 e confrontada sobre uma situação prática em que deveria me posicionar acerca da possibilidade ou não de incidência dessa norma.

Na parte de Princípios, é importante lembrar de uma coisa bem simples, você quer ser Defensor, então: SUSTENTE ARGUMENTOS QUE SEJAM FAVORÁVEIS À DEFENSORIA.

Ainda que haja jurisprudência contrária ao posicionamento da defesa, ela deve ser mencionada, para demonstrar que o assunto não refoge ao conhecimento, mas se há um artigo ou uma tese que traz algo benéfico a DPU ou a quem se prestará assistência jurídica, é este pensamento que deve prevalecer.

Na prova da DPU, não se posicione como MPF.

Um fato engraçado que ilustra bem essa questão, aconteceu comigo recentemente na correção da prova do concurso de estágio da Defensoria Pública da União, na unidade em que estou lotada, São Luís/MA.

A questão discursiva tratava sobre o posicionamento do STF acerca da possibilidade de prisão com a condenação em segunda instância e cada pessoa devia discorrer sobre o tema seguindo diretrizes especificadas previamente.

Recordo-me que corrigi a prova de um candidato e nela havia vários elogios à decisão, pois iria combater a impunidade, que os recursos demoravam muito a serem julgados e que o posicionamento do Supremo Tribunal Federal era uma manifestação de respeito à sociedade.

Após ler toda a avaliação, a vontade que tive foi de aconselhar a pessoa a prestar o concurso de estágio do Ministério Público Federal, porque, simplesmente, o entendimento dado desconstruiu todo o alicerce de atuação da Defensoria Pública.

Desta forma, um conselho que recebi e que gosto de repassar é o de que se deve saber em que terreno está pisando.

Na prova oral, é um potencial Defensor Público Federal que está sendo avaliado, então, ele deve se portar como tal e a banca deseja ver alguém que abarque os ideais do ente.

Posicionamentos que afrontam a carreira e não refletem a visão institucional até podem ser adotados, apesar de não aconselháveis, quando se estiver dentro da instituição, mas a terceira fase não é o momento adequado para esposar esse tipo de conduta.

Assim, em especial na disciplina de Princípios, é sempre interessante tentar reforçar o empoderamento da defesa, sustentar a aplicação das prerrogativas e resguardar os direitos da DPU e dos hipossuficientes.

Isso garantirá, com certeza, uma ótima pontuação na avaliação realizada pelo examinador.

Dito isso, após finalizar o exame nas disciplinas do grupo III, dirigi-me para ser arguida no Grupo II (Penal e Processo Penal).

Essa banca era conhecida como aquela dos examinadores mais carrascos e evidente que, se os avaliadores são assim identificados, é indispensável manter a parte psicológica estável e o lado emocional equilibrado para o enfrentamento do que pode ser perguntado.

Também é fundamental que a preparação prévia seja bem realizada, sob pena de ser submetido às intempéries de um resultado negativo.

Em Penal, revi alguns temas da parte geral, assim como mantive o estudo da jurisprudência. Em Processo Penal, dei um enfoque na lei e na doutrina, enfatizando alguns temas já identificados no Anexo IX.

Em cada uma dessas matérias, tive que responder a duas perguntas e, por incrível que pareça, em minha concepção foi uma das bancas que mais me senti confortável. Motivo: 1) são matérias de minha predileção e 2) eu sabia responder aos questionamentos que foram realizados. Importante aduzir que o conteúdo cobrado não foi fácil, pelo contrário.

Na primeira questão de Penal, por exemplo, o avaliador pediu que explicasse o que era imputação objetiva e quais os seus critérios.

Essa é uma pergunta doutrinária e no perfil mais trágico de todos, qual seja: SABE TUDO E RESPONDE ou NÃO SABE NADA E PERDE A PONTUAÇÃO.

Há uma célebre frase que diz que quanto mais se estuda mais sorte se tem, nesse caso e em regra é assim, ela foi bem válida. Antes da prova, parece que tive um estalo ou uma epifania e resolvi estudar esse tema. Na sala de espera do concurso, rememorei o que havia visto com uma outra candidata e aí quando o assunto foi questionado, confesso que só não dei risos de felicidade porque tinha que manter a postura.

A segunda pergunta de Direito Penal, envolveu um caso prático tratando do mensalão e era preciso ter lido a jurisprudência para saber que o fato descrito pelo examinador se amoldava a outra figura típica prevista na norma jurídica que rege os crimes contra o sistema financeiro.

Em Processo Penal, tive que lidar com uma situação em que deveria saber o nome de um instituto jurídico, solucionar uma demanda colocada em foco e responder a outro questionamento relacionado ao tema de competência na seara processual penal.

Dessa forma, não houve qualquer moleza, mas a preparação anterior, conduziu-me para um bom resultado.

Assim, nunca se esqueça: FOCO + PREPARAÇÃO + AÇÃO = BONS RESULTADOS.

A última banca foi a correspondente ao grupo I (Consumidor, Administrativo, Civil e Processo Civil).

Esse grupo, com exceção de Direito do Consumidor, dispõe de disciplinas que tem conteúdos gigantescos, então, é humanamente impossível ver tudo.

Nesse caso, a minha preparação consistiu em ver os temas constantes do anexo IX e da lei seca relacionada ao assunto, da jurisprudência, bem como realizar a leitura das questões disponibilizadas pelo curso preparatório.

Em Consumidor, já descrevi minha experiência em outro momento deste livro e, por isso, não irei adentrar novamente na descrição pormenorizada de minha prova oral quanto a essa matéria, com o propósito de não cansar a quem estiver lendo.

Em Administrativo, por sua vez, houve a cobrança de conteúdo relacionado à Lei de Improbidade, bem como acerca de jurisprudência do STJ referente ao objeto de arguição.

Em Processo Civil, a pergunta envolvia conhecimento jurisprudencial e sumular, entretanto, eu desconhecia a resposta adequada, a examinadora percebeu e tentou aprofundar a temática.

Percebi que deveria abordar todos os conceitos possíveis e conhecidos, os princípios que pudessem ser aplicados, enfim, comecei a tentar ganhar pontos.

A examinadora tentou tirar proveito da situação para tentar me desestabilizar.

Recordo das exatas palavras que ela se dirigiu a mim: "Eh, vamos passar para Direito Civil para ver se você consegue se sair melhor".

Como já estava acostumada pelos treinos a não levar em consideração tudo o que o avaliador dizia durante a prova, sabia que não tinha ido bem, mas não ia deixar que isso atrapalhasse a minha concentração para a próxima disciplina.

Decidi apagar toda a negatividade e transformar em algo que me fosse útil.

Na pergunta de Direito Civil, a temática se referiu à responsabilidade e depois foi dada uma situação real para que houvesse o posicionamento sobre os meios de defesa pertinentes, não detive problemas na resposta, mesmo com a avaliadora tentando me induzir a erro.

Lembre-se: Se você não tem dúvidas na sua resposta, não a mude pela simples manifestação de desapreço do avaliador.

Nem sempre o examinador vai trabalhar ao seu lado.

Na DPE-PE, por exemplo, um dos avaliadores de Civil retratou uma situação em que um pai pleiteava a nulidade de registro civil, após ter convivido durante um período de 23 anos com o seu filho, o qual foi fruto de uma relação extraconjugal desconhecida, mas já havia uma relação de afetividade entre as pessoas enganadas (filho e pai).

O examinador me questionou se era possível acolher o pedido paterno.

Enfatizei que não, em virtude do instituto da paternidade socioafetiva, bem como dei outras justificativas.

Quão grande foi meu susto, quando o avaliador bateu, literalmente, bateu na mesa e perguntou: "Você quer me dizer que, nesse caso, o pai deve engolir o rapaz?".

Parei, refleti um pouco e vi que, na hipótese, não era adequada outra interpretação e, tranquilamente, respondi: "Sim, Excelência".

Depois da prova, soube que a conduta do examinador foi objeto de assombro por parte de outras pessoas, mas o objetivo era verificar se o candidato ao cargo de Defensor manteria seu posicionamento, mesmo diante de situações adversas.

Assim, o que quero dizer, com tudo isso, é que não se deixe levar, se você tem certeza de algo siga firme com as suas conclusões. Contudo, se o caso não for de certeza absoluta, antes de dar uma resposta definitiva, é aconselhável ponderar se o examinador demonstra uma postura de colaboração, pois, sendo esse o caso, não há vergonha alguma em retificar a resposta dada.

Depois de toda essa jornada, fui aprovada na prova oral da DPU e o alívio e a felicidade tomaram conta de mim.

Quando recebi o resultado da terceira fase do V Concurso da Defensoria Pública da União, por coincidência, estava em outro cursinho preparatório para prova oral, voltado dessa vez, não para o conhecimento jurídico, mas para outros aspectos (dicção, postura, uso correto do vernáculo, respiração, entre outros), em virtude de entender que não estava suficientemente instruída nessa seara, bem como por constatar que esse conhecimento me serviria para toda a vida.

É perceptível constatar que a grande maioria dos estudantes de Direito, entende apenas ser necessário para uma boa preparação, colocar o rosto nos livros e buscar de todas as formas alcançar o conhecimento jurídico.

Não digo que na fase oral o enfoque no conhecimento jurídico seja deixado de lado, até porque no certame da DPU valeu 60% da pontuação, como outrora mencionei, contudo, nessa etapa o aspecto psicológico conta muito.

Já ouvi não apenas um, mas vários relatos de pessoas que se debulharam em lágrimas diante de examinadores, pessoas que não conseguiam sequer formular qualquer resposta coerente, porque a mente simplesmente parava na hora da avaliação, e isso não pode ser trabalhado quando da leitura de normas e textos.

Pude presenciar em todos os cursos que fiz para a prova oral, alguns candidatos que choravam antes de serem arguidos nos treinos, em virtude do desgaste emocional e por pensarem que não estavam suficientemente preparados para esse momento.

Na primeira vez que uma pessoa chorou na sala de treino e que eu estava próxima para ver, a minha reação inicial foi de tentar consolá-la e tentar fazer com que ela enxergasse que ela não estava ali por acaso, mas vi que a professora que nos acompanhava, observava-a atentamente e verifiquei que ela não queria que ninguém se mexesse.

Na sala, todos ficamos parados, esperando, até que ela se sentisse confortável para não mais chorar e desabafasse.

Ao fim de alguns segundos, a professora se dirigiu a ela e disse: "Você está bem agora?". E a aluna deu uma resposta sincera: "Não sei".

Particularmente, pensei que a profissional iria insistir na pergunta, mas para minha surpresa, ela se virou para cada um de nós e disse: "se alguém mais quiser chorar, este é o momento".

Todos caímos na gargalhada, inclusive aquela que estava, anteriormente, em lágrimas.

É natural ao ser humano tentar lidar com a pressão de várias maneiras, seja através do choro, do riso excessivo, do silêncio eloquente, da prática exagerada de exercícios físicos, enfim, temos diferentes modos de extravasar os sentimentos.

Quando se chega na fase oral, o nível de tensão é tão grande que devemos encontrar alguma forma de colocar nossas emoções para fora de nós, sob pena de sermos traídos por elas.

No meu caso, o vôlei foi um refúgio, jogava 3x por semana.

Assim, considero extremamente necessário encontrar uma forma de aliviar o *stress* nesse momento, nem que seja tirar uma hora do dia para ver um seriado ou assistir qualquer coisa que seja relaxante para que a mente não fique sobrecarregada.

Além disso, o que ajuda no combate a essa tensão é o treino exaustivo em momento anterior à prova e trabalhar também os aspectos não jurídicos, ainda que não se goste deles, para tentar ter uma preparação completa antes da avaliação.

Isso porque, é melhor chorar ou rir em excesso nos treinos do que ter esse comportamento perante a banca, o que certamente, se não acarretar a reprovação, influenciará em uma nota bem abaixo da que se poderia obter.

Por isso, testar os limites antes do certame é o mais adequado.

É incrível como não nos conhecemos durante esses momentos, sempre ficamos com a impressão de que não sabemos de nada e que tudo vai dar errado.

Durante algumas arguições que participei, era muito comum ver pessoas com uma capacidade jurídica descomunal, terminarem de falar e olharem para o avaliador pedindo socorro porque achavam que tinham ido muito mal.

A falta de confiança prejudica muito o desenvolvimento das respostas.

Assim, depois de sofrer muito com os certames, criei uma espécie de vontade deliberada de me cercar contra as emoções negativas.

Antes de ser avaliada, seja nos treinos por outras pessoas, seja no próprio certame, eu ouvia uma playlist de músicas com temáticas que detinham relação com situações de lutas e de vitórias.

A título de exemplo, uma que não saio de onde estiver sem escutar é "We are the champions", de Queen[6]:

> We are the champions, my friends
> And we'll keep on fighting
> Till the end
> We are the champions

Tradução:
> Nós somos campeões, meus amigos
> E nós vamos nos manter lutando
> Até o fim
> Nós somos campeões

Fiz essa tática, porque queria me cercar de toda a energia positiva que pudesse adquirir.

Além disso, criei uma espécie de mantra para a prova oral: "Confie em você. Seja positivo. Tudo vai dar certo."

CONFIE: a pessoa que mais precisa acreditar que tudo é possível não é qualquer parente ou amigo, quem necessita ter uma concepção formada de que se chegou nessa fase por merecimento, por ter enfrentado inúmeras batalhas e que é necessário continuar na luta é VOCÊ.

Se nem você mesmo acredita que é possível, como fazer com que o examinador acredite que a Defensoria Pública da União precisa da sua atuação?

---

6. QUEEN. We are the champions. Disponível em: https://www.vagalume.com.br/queen/we-are-the-champions.html. Acesso em 10 de junho de 2016.

A confiança em excesso é prejudicial, porque ela pode fazer com que o candidato não enxergue as falhas que precisa corrigir e não se prepare suficientemente para encarar a 3ª fase, o que é extremamente ruim, pois quando não se observa que é imprescindível mudar, a adequação comportamental ou de conhecimento não será efetivada, tornando as consequências nefastas.

Por sua vez, a falta de confiança também não é uma característica a ser cultivada, em especial, diante de ter ultrapassado todas as dificuldades até chegar à oral.

Lembre-se: Se você chegou até esse ponto é porque houve muito esforço prévio, muitas horas foram dedicadas aos estudos e a sua capacidade é inquestionável, por isso, mantenha a fé e a confiança que o sonho é possível de ser alcançado.

SEJA POSITIVO: As boas vibrações e o pensamento positivo são essenciais nessa trajetória.

Não crie em sua cabeça empecilhos que não existem para a sua aprovação, saiba que a sua mente é a sua maior aliada nesse caminho antes e durante a realização da prova oral.

Não deixe que a sua própria imaginação seja o seu maior inimigo.

Quando estava fazendo cursinho para a 3ª fase, ouvi uma situação real de certo candidato que se recusou a comparecer na prova oral porque entendeu que não estava bem preparado para ser avaliado.

Vários colegas tentaram persuadi-lo para que não desistisse, demonstraram por vários meios que deveria prosseguir, mas a sua resolução foi tão expressa que ele perdeu a oportunidade de ser avaliado.

Nesse caso, entendo que talvez a gama de pensamentos negativos aliada à falta de confiança na própria capacidade fez com que fosse tomada essa decisão radical.

Cada um tem as suas razões e arca com as consequências por suas escolhas, mas uma coisa eu sempre tive comigo: o NÃO eu já tenho, então, vou lutar até o fim para conseguir um SIM.

Por isso, na preparação para a oral, costumava olhar no espelho e dizer a mim: Você é capaz; tudo é possível ao que crê; e continue a estudar, você está perto.

Em minha concepção, manter uma visão positiva permite que todos os seus propósitos pareçam mais palpáveis.

Barack Obama, por exemplo, em sua campanha presidencial, trouxe gratas lições sobre como o pensamento positivo pode mobilizar, ao criar o *slogan:* "YES, WE CAN (Sim, nós podemos)".

Sim, é possível atingir o resultado positivo e o primeiro passo para atingir esse caminho começa com a própria mente.

Dessa forma, em sua preparação, não se esqueça de priorizar pensamentos, ações e atitudes que não maculem a sua vontade de vencer, mas que contribuam com a sua formação e sucesso.

Outra coisa essencial: esteja próximo de pessoas positivas.

Procure pessoas que estimulem seu crescimento, que realcem os seus pontos favoráveis e que te coloquem para cima.

É uma tortura ficar perto de alguém que só apresenta lamúrias e, nesse momento, é preciso estar cercado de gente que emana algo especial.

Além disso, *"o pessimista vê dificuldade em cada oportunidade; o otimista vê oportunidade em cada dificuldade*[7]*"*.

Assim, não é difícil concluir em qual círculo de pessoas se deve ficar para se manter estimulado e compartilhar experiências nessa fase do concurso.

---

7. CHURCHILL, Winston. Disponível em: http://pensador.uol.com.br/energia_positiva_e_negativa/. Acesso em 11 de junho de 2016.

Por fim, o último item de meu mantra é: TUDO VAI DAR CERTO.

Acho que repito essa frase várias vezes durante o dia, para nunca esquecer que quando se cumpre com o que está dentro da esfera de possibilidades de controle, que é estudar, se preparar e se planejar para enfrentar os desafios e quando se trabalha duro para conseguir a aprovação, é certo que, não havendo desistências, o alvo é atingido.

Assim, tenho que procurar cumprir com a organização dos estudos, pois isso é a única coisa da qual posso ter controle. Fora disso, o que posso fazer é tentar diminuir a ansiedade, mas a previsão do futuro não é algo que está dentro do âmbito de previsibilidade ou de influência a que posso modificar.

Tendo isso em mente, que a minha única função é tentar manter o estímulo até a data do certame, tudo o que estiver fora dessa gama de atuação, sei que não tenho como modificar. E, diante disso, meu compromisso primordial é fazer o melhor que posso e, quem sabe, um pouco além disso, para me preparar da forma mais adequada para me submeter à prova oral.

Pense que você conseguiu ultrapassar milhares de candidatos na primeira fase, venceu uma etapa extremamente extenuante na segunda e tudo convergiu para que chegasse na terceira etapa.

Assim, toda a trajetória percorrida é dotada de uma significância e alcançar um bom resultado é a consequência dos sacrifícios, por isso, apenas um pensamento deve nortear a conduta, o de que tudo vai dar certo.

Além das músicas positivas e do mantra, também comecei a trabalhar com os itens que seriam pontuados no edital, mas que não tinham como ser aprendidos apenas nos textos normativos.

Dessa forma, coloco aqui os principais aspectos não jurídicos e algumas dicas que aprendi durante a minha preparação, lembrando sempre que não sou profissional nessa área, então, caso o estudante deseje um aprofundamento superior, deve procurar alguém que o auxilie nessa esfera.

- **Dicção**

Como disse em alguns parágrafos acima, para mim foi uma surpresa, nos primeiros treinos, deparar-me com o som de minha voz e com a rapidez de minha fala, o que fazia com que sequer conseguisse entender o que tentava esposar como resposta.

Ora, quando você mesmo não consegue compreender o que está narrando, então, sinceramente, há um problema.

Percebi que precisava melhorar, pois é extremamente importante que o avaliador entenda o que se quer descrever, sob pena de mesmo com a resposta adequada a comunicação ter se tornado um óbice para adquirir uma boa nota.

Assim, ter uma boa dicção e ser claro no diálogo faz com que a exposição das ideias seja melhor empregada.

Graças a Deus, tive o privilégio de constatar essa falha antes de minha primeira avaliação e, depois, pude aperfeiçoar esse aspecto quando do cursinho específico para trabalhar os itens não jurídicos.

Recordo-me que, já no cursinho, os fonoaudiólogos pediam que fosse realizada uma rodada inicial de arguições, sem conhecer as técnicas, e avaliavam o que podia ser melhorado até o final do curso. A primeira pergunta que me foi feita nessa oportunidade, eu sabia a sua resposta de maneira completa e comecei a falar cada aspecto do instituto questionado.

Ao fim, esperei um feedback e a profissional disse que, no conhecimento jurídico ela não podia avaliar, isso caberia aos outros integrantes da sala, mas que eu falava como se estivesse narrando um texto sem vírgulas.

Quando ela começou a tentar me imitar, comecei a enxergar que falar muito rápido trazia um aspecto de ansiedade para o que eu queria dizer, como se quisesse concluir o assunto logo e, honestamente, causava desconforto, porque ainda que soubesse do conteúdo, a impressão que eu passava era como se estivesse desesperada para ir embora.

E era essa a impressão que o avaliador registrava, todas as vezes em que falava rápido demais.

Sendo sincera, foi uma das maiores dificuldades que encontrei, a de tentar falar pausadamente, mas com muito treino e esforço, posso dizer que ainda não falo tão pausadamente quanto gostaria, mas já melhorei bastante.

Ademais, além do aspecto da fala muito rápida, outra preocupação que tinha, inicialmente, era com a questão do sotaque, aliás, não apenas eu, mas vários candidatos que conheci tinham esse receio.

O que me foi dito e o que constatei pessoalmente é que ninguém deve se preocupar com isso e nem tentar esconder as suas origens.

O sotaque faz parte de quem o concurseiro é, uma identificação de sua terra e uma parte de sua própria história.

Dessa forma, se a sua dicção for clara, não é preciso que se empregue esforço em trabalhar para deixar de ter sotaque, especialmente, na preparação da prova oral, cujo prazo exíguo faz com que devam ser eleitas outras prioridades.

Neste bojo, não sou profissional na área, mas as dicas que entendo que foram mais relevantes para melhorar a dicção são estas que apresento abaixo:

> 1 – Grave a sua própria voz, ao tentar responder a qualquer pergunta. Isso vai fazer com que você escute e constante se sofre de alguma limitação que precisa ser melhorada;

2 – *Adquira o hábito de falar pausadamente*. Falar com lentidão, sem que esta seja exagerada sob pena de se tornar monótono, é uma característica que pode ser adquirida.

E o papel do treino é essencial para conseguir ter um rendimento melhor.

No cursinho, quando ia dar uma resposta, sempre tentava falar devagar ou assim eu pensava que estava fazendo, mas a fonoaudióloga, no começo, dizia repetidamente: "mais devagar, mais devagar".

No início, é bem difícil, porque a impressão que fica é que estamos falando tão vagarosamente quanto o andar de uma tartaruga, mas depois da prática exaustiva, no final do período de cursinho, após, 5 (cinco) dias, não só eu pude constatar a minha evolução como ainda recebi elogios dos professores, com relação a esse aspecto, pois o hábito constante permitiu que a conduta se tornasse mais comum.

3 – *Pratique exercícios de dicção*. O emprego de exercícios como técnica para o aperfeiçoamento da dicção se dessume em algo completamente adequado.

Lembra daquelas brincadeiras de criança para ver quem conseguia pronunciar: "o rato roeu a roupa do rei de Roma"? Pois é, esse tipo de treino é extremamente interessante, pois permite evoluir a pronúncia das palavras e melhorar a compreensão quanto ao que se fala.

4 – *Respiração*. Quando se fala muito rápido e sem pausas, a respiração fica comprometida.

Isso porque, a ausência de intervalos faz com que a respiração fique ofegante e com um aspecto de cansaço na exposição.

Assim, para melhorar a dicção, também é necessária uma preocupação com a respiração.

Inspire pelo nariz, respire pela boca e faça pausas.

Pausas são como as vírgulas empregadas em um texto, sem elas o texto fica incoerente e sem uma respiração adequada esse texto ficará confuso.

Dadas as dicas acima, passo a outro tópico importante e que é indispensável possuir em qualquer prova oral.

- **Postura**

A postura envolve, em especial, duas abordagens relacionadas à linguagem e ao comportamento.

Quanto ao primeiro aspecto, é essencial deter uma linguagem adequada, dentro de padrões cultos, evitar a utilização de gírias ou expressões de senso comum.

Imagine-se diante de seu avaliador, enfrentando um questionamento difícil e a sua resposta ser: "Cara, é o seguinte, tipo assim esse tema tem diversas situações...".

Honestamente, parecerá mais a tentativa de comunicação de um adolescente do que a de um profissional respeitado.

É importante ter em mente que a avaliação para alcançar o cargo de Defensor Público Federal é um preparatório para o que vem na vida prática, pois a profissão exige que se converse com magistrados, procuradores, representantes do governo, mecanismos de imprensa, então, esperar que o avaliado tenha uma linguagem adequada é o mínimo que se pode exigir para que a instituição não seja ridicularizada em público.

Um outro quesito da linguagem a ser levado em consideração é o uso correto do vernáculo, isso porque a utilização correta da língua portuguesa é requisito imprescindível para uma boa pontuação e é dever do candidato conhecer e aplicar bem os seus conhecimentos nessa área.

Por sua vez, quanto ao segundo aspecto, é essencial que, ao ser examinado, o candidato apresente uma postura serena, respondendo aos questionamentos sem arrogância, com lucidez e sem uma postura de enfrentamento com a banca.

Lembre-se que a banca não é seu inimigo, apesar de algumas vezes procurar incorporar esse papel.

Assim, ainda que diante de avaliadores ríspidos, mantenha um comportamento calmo, não levante a voz, adote o posicionamento de Desmond Tutu[8]: *"Não levante a sua voz, melhore seus argumentos"*.

Não adote posição de enfrentamento, exponha as suas ideias, conforme lhe for perguntado, caso entenda que deve manter a resposta dada, ratifique-a, mas sem diminuir o examinador. Se constatar que apresentou informações equivocadas, retifique-as e com humildade admita o erro e corrija o conteúdo fornecido.

Não entre em jogos mentais e nem em discussões desnecessárias com o avaliador.

Só apresente opiniões pessoais quando for questionado, do contrário, o examinador pode tentar desestabilizá-lo.

A título de exemplo, em uma avaliação, um colega foi questionado sobre determinado instituto jurídico e sua resposta iniciou com: eu entendo que (...); e finalizou com: "esse é o melhor posicionamento".

---

8. TUTU, Desmond. Não levante a sua voz, melhore seus argumentos.- Desmond Tutu. Disponível em: http://www.filosofiahoje.com/2012/10/nao-levante-sua-voz-melhore-os-seus.html. Acesso em 14 de junho de 2016.

O avaliador deixou que ele concluísse a sua arguição para questionar: 1) qual o livro o candidato tinha escrito para dar opiniões pessoais; e 2) em que se embasava para dizer que o posicionamento adotado era o melhor.

Ou seja, foram cometidos dois erros graves, o primeiro de emitir posições pessoais.

Na prova, nunca inicie com eu entendo, eu acho ou o meu posicionamento é esse.

A resposta ao questionamento deve ser neutra, deve esposar o que expõe a doutrina e a jurisprudência sobre o tema; caso o candidato conheça, além de citar o posicionamento majoritário, deve colocar também o minoritário, para fins de contraponto.

Essa é a síntese do que deve ser abordado na resposta, não fuja disso.

Ademais, o segundo erro, foi o de se posicionar por uma das correntes, sem ter sido instado a adotar uma das vertentes possíveis.

Caso não seja pedido, não emita a sua opinião sobre qual corrente deva prevalecer, apenas exponha o que existe, se cabível, apresente exemplos, mas só se manifeste quando lhe for requerido.

Não demonstre ter prepotência quanto ao domínio do conhecimento jurídico, pois em vez de passar a impressão de possuir inteligência, o que fica é a interpretação de que há arrogância na desenvoltura do examinado e esse aspecto não é favorável na avaliação.

Dessa forma, em resumo, é importante ter uma postura adequada, com a consciência de que uma linguagem adequada e um comportamento apropriado depõem a favor do concurseiro quando de seu exame na terceira etapa.

- **Gestos**

Algumas pessoas possuem tiques ou manias que devem ser controlados.

Evite movimentos exagerados com as mãos e também tenha a preocupação de não ficar estático como um robô.

Tente apresentar naturalidade em seu corpo.

A posição muito estática passa a impressão de tensão e, ainda que se esteja em uma situação de *stress*, não é isso que deve ser demonstrado à banca. Por isso, o treino é muito importante, porque transforma o momento de arguição em algo mais cotidiano e conduz a uma ação mais normal em frente ao avaliador.

Por sua vez, uma posição extremamente relaxada, com movimentos exagerados, é impensável.

Recordo-me que, no cursinho, ouvi o relato de que uma candidata, ao ser submetida a prova oral de um certame público, sentou-se em uma cadeira e colocou os cotovelos em cima da mesa e direcionou as mãos ao seu rosto. O examinador quando se deparou com a situação, pediu que a candidata se sentasse adequadamente, pois não estava em uma praia.

Imagine o desconforto sentido.

Assim, é oportuno nunca se descuidar da forma de apresentação, tentando agir com a maior naturalidade possível, evitandos gestos desconformes, movimentando as mãos com parcimônia e tendo a preocupação com as expressões faciais.

O nosso rosto muitas vezes entrega o desconhecimento ou conhecimento sobre alguma temática, então, se possível, tente também trabalhar para atingir o *poker face*[9], para que não seja

---

9. Expressão utilizada por jogadores de pôquer para aquelas pessoas que são boas em esconder o que pensam ou sentem na hora do jogo.

fácil identificar se há ou não ciência sobre o assunto e a banca não explore isso em seu desfavor.

Fixados esses pontos, entendo que as principais informações acerca da terceira fase foram repassadas, contudo, entendo também muito importante conversar com aqueles que, em algum momento, já realizaram uma prova oral e não lograram êxito.

Nesse caso, antes de qualquer coisa, não deixe que o trauma da reprovação seja um empecilho para prosseguir seus estudos, NÃO DESISTA.

Conheço pessoas extremamente preparadas que já obtiveram um resultado desfavorável na prova oral.

São vários motivos que levam a isso, mas saiba que nenhum deles está relacionado à incompetência ou falta de capacidade.

Não existe, nos dias atuais de certames públicos, a questão de a fase oral ser meramente homologatória, ela é uma etapa, como qualquer outra, e as pessoas continuam a ser avaliadas. Contudo, quero dizer a quem já passou por essa experiência que duas opções se afiguram perante a sua fronte: deixar todos os anos de estudo de lado e desistir ou seguir ao próximo concurso.

A primeira, apesar de viável do ponto de vista prático, não aconselho a que seja a adotada.

Assim como relatei no capítulo II, apesar de o êxito não ter se verificado, e ser difícil de parar de constatar que as coisas deram errado, o que, na verdade, está ocorrendo é que o alvo está cada vez mais próximo de ser atingido.

Pense que já foram ultrapassadas as barreiras das provas objetivas e discursivas e já se alcançou uma terceira fase, o que é um avanço.

Então, escolha a segunda opção, prossiga para o concurso seguinte.

Verifique em quais pontos houve falhas, pois estas precisam ser corrigidas para que as arestas sejam aparadas e o resultado favorável apareça.

É certo que o candidato deve analisar em que precisa melhorar e, apesar de doloroso, essa autocrítica é fundamental para que a reprovação não seja reproduzida.

Em certa oportunidade, um amigo me contou uma história verídica acerca de um concurseiro que havia reprovado em uma prova oral e esse rapaz tinha muita raiva da banca que o avaliou e iria se deparar com os mesmos avaliadores em outra fase oral. Ocorre que, em detrimento dele identificar seus erros, a sua postura foi de enfrentamento com a banca e, inclusive, de confronto e questionamento dos motivos de sua reprovação anterior.

Ou seja, em vez de ter seguido em frente, o candidato resolveu se apegar ao passado e ainda prejudicou o seu futuro, pois mais uma vez restou reprovado.

Não adote esse comportamento, apegar-se ao passado faz com que o presente e o futuro fiquem comprometidos.

Por outro lado, conheci uma pessoa que estava na terceira fase de um certame e, apenas, ela e mais 3 (três) pessoas não lograram sucesso no concurso. Um dia, jogando conversa fora, a concurseira me relatou que a sua reprovação tinha sido frustrante, mas merecida, porque, segundo a sua análise, na época, não detinha o conhecimento jurídico necessário e não soube responder boa parte das perguntas arguidas.

Fiquei admirada com a honestidade, mas não com a aprovação no certame seguinte ao qual ela prestou.

Isso porque, quando se consegue identificar o problema é mais fácil encontrar uma solução, contudo, quando se coloca a culpa no outro, a evolução nunca será verificada.

Dessa forma, caso se tenha passado por essa experiência de não conseguir ser aprovado na 3ª fase, em primeiro lugar, tente descansar, por um período curto, para renovar as suas forças.

Depois disso, comece a ver quais foram os equívocos cometidos, para que consiga resolvê-los. Caso o problema seja na parte psicológica, envolvendo aspectos emocionais, e você constatar que não consegue enfrentar essa barreira sozinho, procure a ajuda de um profissional, pois há várias pessoas competentes que podem ajudar a trabalhar esses aspectos, inclusive, de maneira individualizada.

Por fim, retome a caminhada e o ritmo de estudos, pois no começo pode parecer difícil, mas não se esqueça que está muito próximo para desistir quando a vitória se aproxima.

William Douglas, conhecido como o guru dos concursos, tem duas frases que refletem bem esse momento: *"concurso não se faz para passar, mas até passar"*, pois *"a diferença entre o sonho e a realidade é a quantidade certa de tempo e trabalho"*[10].

Desse modo, se não há como apagar o que passou é possível modificar o que vem pela frente e quem se prepara com afinco e com seriedade pode ter certeza que a sonhada aprovação vai se transformar em realidade.

---

10. DOUGLAS, William. Mantras dos Concursos. Disponível em: http://williamdouglas.com.br/mantras-dos-concursos/. Acesso em 15 de junho de 2016.

V
APROVAÇÃO FINAL, NOMEAÇÃO E POSSE

Após as fases objetiva, discursiva e oral se esgotam as etapas em que o candidato vai ser testado quanto a aspectos relacionados ao conhecimento jurídico, mas ainda não foram concluídos todos os passos para a aprovação, pois ainda será submetido a apresentação de documentação referente à Sindicância de Vida Pregressa (eliminatória) e aos Títulos (classificatória).

Devo alertar que a fase da Sindicância de Vida Pregressa é um verdadeiro martírio ao candidato, pois a sua vida será completamente devassada e ainda há o receio de eliminação nessa etapa.

1

---

1. Imagem disponível em: https://thumbs.dreamstime.com/t/investigao-da-

É como se houvesse uma lupa sobre o concurseiro, a qual busca identificar qualquer divergência nos bancos de dados de instituições públicas e ainda exige que um rol extenso de documentos seja apresentado para avaliação.

A título de exemplo, apresento os requisitos exigidos no V Concurso da Defensoria Pública da União (Anexo XIV), para que se tenha ciência de quão desgastante é essa fase, muito especialmente, pelo tempo exíguo para coletar as informações requeridas.

Não quero com isso atemorizar aquele que vai prestar concurso da DPU, mas apenas alertar que, após o resultado inicial da prova oral e ao ser verificada a aprovação, ainda que sem o resultado definitivo, já se deve buscar ter os documentos exigidos na fase seguinte, primordialmente, se, como eu, o domicílio residencial foi alterado durante o prazo de 5 (cinco) anos, o qual, em regra, é o tempo estipulado em certames públicos.

Todos os colegas que lograram aprovação tiveram que correr contra o tempo para conseguir juntar toda a documentação, dentro do período fixado pela banca, então, depois de passar por todas as etapas extenuantes não deixe que essa fase cause um *stress* desnecessário, busque desde logo todas as informações que são pedidas.

Por sua vez, os Títulos são mais tranquilos, visto que não se dessumem em fase eliminatória, mas é importante separá-los com antecedência, pois a classificação pode ser alterada e algumas posições podem ser escaladas ou decrescidas ante a sua existência ou ausência.

Assim, finalmente, vencidas todas essas etapas, chega o dia mais aguardado de todos, o resultado é homologado e todo

---

salincia-18306496.jpg. Acesso em 15 de junho de 2016.

O sacrifício ganha sentido quando se enxerga o seu nome na lista de aprovados.

As horas que antecedem a divulgação do resultado são angustiantes, mas não há dia mais gratificante e alegre do que aquele em que você vê que, depois de tanto esforço, o seu nome consta na tão sonhada lista daquelas pessoas que persistiram diante das dificuldades e, por isso, colheram os frutos da vitória.

Recordo-me do dia em que, finalmente, o resultado final foi homologado.

Já sabia que tinha sido aprovada na prova oral, mas até que a homologação final do certame encerre o concurso, nada é garantido.

Minha primeira reação ao ver meu nome foi a de chorar de alegria, é inevitável que em nossa cabeça não passe uma trajetória infinita de dados com todos os momentos em que foi necessário algum tipo de privação, lembranças das horas de estudos infindáveis e das pessoas que colaboraram para que tudo desse certo.

---

2. Imagem retirada do Blog Concurso em Curso. Disponível em: http://www.concursoemcurso.com.br/por-que-voce-quer-tanto-a-aprovacao/. Acesso em 15 de junho de 2016.

Depois de chorar, foi o instante de espalhar a boa notícia, falei com familiares, colegas de trabalho e com as amigas do vôlei.

Estava em Limoeiro do Norte-CE e minha vontade era de sair correndo para o Maranhão para celebrar junto de minha família.

Todo mundo que sabia do resultado, chegava próximo e apresentava congratulações e falava coisas positivas, realmente foi um dia especial.

Esse concurso da DPU, foi bem atípico pela celeridade.

Entre a data da divulgação do edital (03/11/2014) e a data do resultado final (13/08/2015), entre avaliações e correções de provas objetivas, discursivas, oral e etapas da sindicância da vida pregressa e análise de títulos, decorreu apenas 9 (nove) meses e alguns dias.

Isso é muito raro de ser verificado.

Foram aprovados, aproximadamente, 111 (cento e onze) candidatos.

Antes de minha nomeação e posse na Defensoria Pública da União, já tinha sido aprovada e o certame da DPE-PE já havia sido homologado e também passei na prova oral da DPE-CE, enquanto aguardava a conclusão do concurso da DPU.

Exatamente, 1 (uma) semana antes da data marcada para a posse no concurso da DPU, fui nomeada para a DPE-PE. E como o velho ditado popular: "Depois da tempestade, vem a bonança".

Optei por pedir fim de fila nesse último certame.

Por sua vez, entre a data do resultado final (13/08/2015) e a nomeação efetiva na DPU (10/09/2015), foi mais atípica ainda a rapidez, pois em menos de 1 (um) mês já estava empossada no cargo de Defensora Pública Federal de 2ª Categoria e, nesse dia, foram nomeadas 60 (sessenta) pessoas.

Assim, não esperei muito tempo entre a data da aprovação e a data da convocação, pois já havia orçamento destinado para a nomeação no âmbito da DPU, o que foi uma grande benção.

Para se ter ideia, no IV Concurso da DPU, os candidatos tiveram que fazer uma mobilização muito grande para que a nomeação saísse, mesmo com a existência de inúmeros cargos vagos na instituição e com a necessidade pela demanda de atuação.

Dessa forma, ser nomeado em curto espaço de tempo foi realmente algo a agradecer e a comemorar.

Outrossim, para aquelas pessoas que foram aprovadas em algum certame e que ainda não foram nomeadas, aconselho a continuar a manter o ritmo de estudos. Isso porque essa espera pode se transformar em um verdadeiro limbo.

Conheço um colega que havia sido aprovado na DPE-DF e, como estava bem colocado, acreditou que a sua nomeação sairia logo e parou de estudar, deixou de fazer alguns concursos de Defensoria e depois de 2 (dois) anos e meio de espera, decidiu por retomar os estudos, tendo logrado êxito e tomado posse em outros certames, mas se estivesse esperado pela Defensoria do Distrito Federal teria ficado frustrado.

Ele me relatou que parar de estudar foi a pior coisa que aconteceu na vida dele, porque teve que ter redobradas energias para iniciar novamente a sua preparação.

Assim, para aqueles que estão aprovados em algum certame e há apenas rumores de nomeação, como sugestão, indico que permaneçam a caminhada dos estudos, realizem outras provas, porque a nomeação só é certa quando acontece, antes disso há mera expectativa.

E é melhor manter um ritmo forte que já foi vitorioso, permanecer com o cronograma que deu certo, do que ficar parado, apenas aguardando, porque a constância no hábito permite que os resultados sejam alcançados, com a nomeação e a posse no cargo público pleiteado.

E o dia em que, finalmente, se é empossado, é uma data de muita celebração.

No meu caso, no dia de minha posse, fui munida de uma sensação muito especial, estava acompanhada de meus pais e meus irmãos e via a minha felicidade refletida no rosto de cada um deles.

Ao cumprimentar as pessoas no ambiente, ensaiar a entrada, ver o discurso de posse de um dos candidatos, fazer o juramento de bem representar a DPU, ouvir uma palestra magnifica de Carlos Ayres Brito, conhecer os representantes institucionais, só pensava em como valeu a pena ter passado por todas as lutas, pois tornou meu espírito mais forte.

Depois da solenidade de posse, a Associação Nacional dos Defensores Públicos Federais (ANADEF) promoveu um jantar de gala para a recepção dos novos membros e para a interação com os que estavam na carreira há mais tempo.

Nos divertimos bastante com nossos familiares e novos colegas, mas, no dia seguinte, tivemos o início de nosso curso de formação, que foi realizada na sede da DPU em Brasília.

Teve a duração de duas semanas e tinha por objetivo preparar os novos Defensores para as práticas da carreira, mostrar instituições em que a DPU atuava, entre outras finalidades.

O curso foi extremamente curto para a finalidade a que se propôs.

O último dia foi um primeiro contato com o nosso público alvo, em atendimento na Rodoviária de Brasília.

Fiquei com receios de integrar essa atividade, porque nunca tinha sido arguida fora de uma banca examinadora.

O mais engraçado é que, nos cursos preparatórios, sempre diziam que uma prova oral não chega nem perto de ser uma simulação do que o exercício profissional representa, mas não acreditava nisso porque estava vivendo um momento de tanta tensão, com a preparação para a terceira fase, que achava que nada poderia ultrapassar aquilo.

Ocorre que, quando me deparei com a proposta de atender as pessoas, comecei a ficar com medo, porque iniciam os questionamentos novamente: será se estou preparada para todas as perguntas que as pessoas vão fazer? E se não souber? Como me portar?

Enfim, inúmeras dúvidas surgiram no caminho, entretanto, decidi que não poderia fugir do que me aguardava, afinal meu compromisso com a instituição e com os assistidos já havia sido firmado no dia em que fui empossada.

Dirigi-me à rodoviária e vários grupos se revezaram na tentativa de explicar para as pessoas qual era o papel da Defensoria Pública da União e como o órgão realizava a sua atuação, tiramos várias dúvidas, compartilhamos histórias, auxiliamos o próximo e, como consequência, tive uma experiência tão positiva, que tenho certeza que jamais me esquecerei de como foi o primeiro contato com essa escolha de vida.

Minha primeira lotação foi a Defensoria Pública da União em Belém, no Estado do Pará, também foram comigo mais 6 (seis) Defensores que tomaram posse na mesma data.

O tempo em que fiquei no Pará foi extremamente enriquecedor, nova cultura, novos desafios e o melhor foi poder contar com a ajuda de pessoas que estavam na mesma situação e que eram companheiras, senti como se pertencesse genuinamente a esse lugar.

É certo que a distância de nossos parentes e amigos faz com que tenhamos receios de nos deslocarmos para um lugar distante de nossa cidade natal; no meu caso, essa parte não foi tão difícil, porque já não morava em casa. Mas o deslocamento para longe dos nossos familiares sempre causa um aperto no coração.

Contudo, digo, sem ter medo de me equivocar, que essa independência é benéfica e permite com que o crescimento seja progressivo, porque aprendemos a sair do ninho e a lidarmos com a vida de uma maneira diferente.

Além da independência pessoal, outro aspecto muito benéfico foi a financeira.

Meu primeiro salário teve uma destinação especial. Metade da quantia que recebi foi destinada a doação de cestas básicas, como forma de promessa e retribuição pela grande vitória que alcancei; a outra metade foi para custear as despesas com aluguel, utensílios domésticos e a adaptação na nova cidade.

Quando recebi a primeira remuneração não pude deixar de agradecer por ter conseguido chegar até o meu objetivo de ser Defensora, não pelo aspecto econômico puramente, mas pela possibilidade de exercer uma profissão que admiro, pelo fato de ter tido o suporte e a persistência necessária para não desistir e por ter resistido aos obstáculos que a vida sempre oferece para testar a resiliência daqueles que tem um alvo definido.

Com relação à profissão, aprendi e fixei em minha mente que a Defensoria é uma instituição contramajoritária e o papel dela é permitir que a transformação social seja visualizada, pois sem a interferência desse ente, os demais órgãos dificilmente serão chamados a refletir sobre as suas práticas cotidianas, já que tão entranhadas.

O papel do Defensor não é se amoldar aos conceitos vigentes, às jurisprudências consolidadas, mas sim, ainda que recebendo um não, continuar na busca de uma modificação de diretrizes.

Sem esse aspecto tão importante do perfil institucional não poderíamos ser instrumentos de acesso à justiça ou proliferadores do desejo de ver diminuídas as desigualdades sociais.

Dessa forma, a consciência desses fatores nunca deve ser esquecida por aquele que sonha em ser Defensor e por aquele que já exerce a carreira.

A importância do significado da atuação institucional na batalha ao lado das pessoas que já recorreram a várias instituições e tiveram seu pleito olvidado e encontram na DPU a sua fonte de amparo, não deve ser menosprezada.

Por isso, após a posse, o pensamento daquele que logrou êxito em ser aprovado não deve ser a de que é um servidor público e que já estudou muito e agora deve relaxar – pelo contrário, depois de assumido o compromisso de bem e fielmente seguir as diretrizes da carreira, o maior objetivo a ser buscado é o de diminuir o sofrimento do próximo, estudar cada dia mais para tentar adquirir aperfeiçoamento e ser um lutador no exercício cotidiano de pleitear direitos àqueles menos favorecidos.

Essa sim é uma resolução que merece ser seguida e que deve nortear todo o desempenho profissional.

VI

A CARREIRA E SUAS PERSPECTIVAS

A posse e o curso de formação foram momentos únicos na vida, mas após participar da primeira ação como Defensora Pública Federal na rodoviária de Brasília e poder me deparar com algumas das demandas que estava destinada a receber na profissão, percebi o quanto é importante manter o ritmo de estudos e da jurisprudência, mesmo depois de aprovada, agora não mais para os concursos, mas sim para o exercício cotidiano.

Eu nunca havia tido a experiência de exercer o comando de um gabinete, de orientar os estagiários e os servidores de como deveriam proceder, então, aprender na prática foi um desafio incrível e todo dia me deparo com novidades.

Já havia tido outras experiências profissionais (Assessora no MP-MA, Procuradora do Núcleo de Estudos para Internet--UemaNet, Advogada e Analista Judiciária), mas nesses locais eu sempre recebi diretrizes, só que quando assumi a DPU, tive que aprender de forma rápida a como estabelecer parâmetros, a como organizar uma rotina administrativa.

A minha primeira lotação, como outrora mencionado, foi em Belém-PA.

Fui extremamente bem recebida, mas ainda não haviam organizado o gabinete em que ficaria trabalhando, então, dividi no primeiro mês uma sala com um colega de profissão e com os seus estagiários.

Na semana em que eu e outros Defensores chegamos na DPU/PA, ainda contamos com o apoio de colegas que nos recepcionaram e que explicaram um pouco das atividades do gabinete, apresentaram-nos os setores, colocaram-se à disposição para tirar nossas dúvidas e deram informações também da cidade.

Posso dizer que o novo realmente assusta, em um primeiro momento, mas no instante em que a mente se abre para entender que a mudança é positiva, aí é o período em que traçamos estratégias para contornar as dificuldades e aproveitar todas as oportunidades de ter uma boa adaptação.

Escolhi Belém pela proximidade com São Luís/MA e consegui a última vaga para ficar lotada na cidade.

Tive ainda muita sorte de ter dois grandes amigos que me acolheram em seu apartamento, até que eu conseguisse achar um local para alugar.

Deste modo, ter ido para este lugar foi uma providência divina.

Na esfera da própria DPU, eu e meus colegas chegamos a Belém com uma problemática acerca da definição dos ofícios.

O Conselho Superior ainda não havia se manifestado sobre qual ofício seria criado para que eu ocupasse a vaga, mas, provisoriamente, a esfera de minha lotação inicial foi a criminal.

A Defensoria Pública da União dispõe da divisão institucional em categorias. Ao iniciar a carreira, o cargo ocupado é de Defensor Público Federal de 2ª Categoria; após a promoção,

Defensor Público Federal de 1ª Categoria; e, por fim, Defensor Público de Categoria Especial.

Em Belém, tínhamos 10 (dez) Defensores de 2ª Categoria e com o quadro de organização em: 4 (quatro) ofícios criminais; 3 (dois) ofícios previdenciários e 3 (três) ofícios cíveis.

Pelo menos, essa era a adaptação quando cheguei na unidade.

Como havia o impasse em relação à sala em que iria ficar, até o momento em que o espaço foi organizado, compartilhei estagiários e servidores com outro ofício criminal.

Confesso que sentia que não detinha legitimidade para requerer algum tipo de organização no gabinete alheio, até porque o corpo de trabalho não era meu. Esse sentimento não estava relacionado a nenhum dos servidores e colaboradores da DPU, mas tinha relação com o fato de que já havia alguém a quem o pessoal deveria se dirigir, então, um duplo comando não era adequado.

Fiquei nessa situação, por quase 30 (trinta) dias.

Nesse interregno, tive alguns desafios, dentre eles o mais inédito foi participar de minha primeira audiência na justiça militar e também na vara criminal comum.

A justiça militar é completamente diferenciada, tem diversas peculiaridades que precisam ser conhecidas para que não se cometam equívocos e confusão com o rito do Código de Processo Penal.

Posso dizer que nunca fui tão bem tratada em uma audiência, como naquelas que realizei na justiça militar. Nelas, o Ministério Público Militar e a Defensoria Pública da União sentavam no mesmo plano e tinham as mesmas oportunidades de manifestação.

Havia um juiz togado, chamado de juiz auditor, e apenas este tem formação jurídica. Além desse, há um Conselho de Justiça, formado por 4 (quatro) oficiais, os quais são chamados de juízes militares, cabendo a presidência ao juiz militar de maior patente.

Os membros do Conselho de Justiça devem ser hierarquicamente superiores ao réu.

Por sua vez, o próprio rito é dotado de mecanismos diferenciados. As alegações finais, por exemplo, devem ser apresentadas tanto por escrito quanto oralmente, e não há como se esquivar, é preciso sustentar os argumentos escritos perante o Conselho de Justiça e o juiz auditor.

Assim, a linguagem utilizada deve ser em tom explicativo, para que o Conselho de Justiça entenda os aspectos jurídicos da controvérsia, bem como deve ser, ao mesmo tempo, bem formal, para que observe o respeito inerente às disciplinas militares.

Além disso, como a justiça militar é eminentemente tradicional, tentar com que alguns institutos benéficos ao réu sejam reconhecidos se torna uma tarefa bem mais dificultosa.

A título de exemplo, a posição tradicional do STF e da justiça militar é que é vedado o *sursis* para o crime de deserção, o que segue o entendimento do art. 88, II, "a", do CPM.

Apenas para situá-los com relação à deserção, esta é definida no Código Penal Militar em seu art. 185, o qual preconiza que: "*Ausentar-se o militar, sem licença da unidade em que serve, ou do lugar em que deve permanecer, por mais de 8 (oito) dias. Pena: detenção, de seis meses a dois anos; se oficial, a pena é agravada*".

A DPU, ainda assim, tenta levantar a tese de que seria plenamente possível aplicar a suspensão condicional da pena, isso porque no crime de deserção não há violência ou grave ameaça e se enquadra dentro dos pressupostos de suspensão, previsto no art. 84, do CPM.

Ademais, aplicar pena de seis meses a dois anos, apenas porque não se reapresentou ou não compareceu ao lugar que deveria permanecer, por mais de oito dias, dessume-se em reprimenda assaz grave, apesar de ser a conduta reprovável.

Ora, a punição administrativa seria suficiente para o delito em comento sem a necessidade de resvalar na esfera penal. Até porque o direito penal deve ser aplicado como *ultima ratio*.

Ocorre que, apesar dos argumentos acima expendidos, o próprio Supremo Tribunal Federal detém o posicionamento de que, em virtude da hierarquia e disciplina que são inerentes ao âmbito militar, não seria possível aplicar essa benesse ao indivíduo que responde pelo crime de deserção.

Contudo, o papel da Defensoria não é se conformar com o que é posto, mas tentar a modificação de estruturas já arraigadas, é levar à reflexão.

Se fosse definir em uma frase o papel da Defensoria, diria que Sylvester Stallone, no filme Rocky Balboa, define exatamente como é o proceder daquele que milita na carreira, ao aduzir que: *"Ninguém vai bater mais forte do que a vida. Não importa como você bate e sim o quanto aguenta apanhar e continuar lutando; o quanto pode suportar e seguir em frente. É assim que se ganha"*[1].

Assim, ainda que contra todas as instituições, a DPU deve sustentar teses que sejam favoráveis ao réu, até porque a jurisprudência é mutável.

Isso, por exemplo, pode ser verificado com a própria alteração de entendimento quanto ao interrogatório do réu na justiça militar.

---

1. BALBOA, Rocky. Pensador. Disponível em: pensador.uol.com.br/autor/rocky_balboa/. Acesso em 25 de junho de 2016.

Há previsão expressa do art. 302, do Código de Processo Penal Militar, que o acusado será qualificado e interrogado antes de ouvidas as testemunhas. Entretanto, com a alteração do art. 400 do Código de Processo Penal, o ato de interrogatório do acusado, no rito comum, foi deslocado para a última ação da audiência de instrução e julgamento.

Assim, a DPU, após a reforma do CPP, sempre sustentou que essa mudança deveria ser aplicada na esfera militar, pois benéfica ao acusado.

Nas audiências que participei, sempre sustentei essa tese, assim como outros Defensores pediam que ficasse consignado em ata o pedido de interrogatório como último ato processual, mas sempre era negado o pleito.

Só que, na data de 3 de março de 2016, houve uma virada jurisprudencial no STF, que passou a reconhecer que o art. 400 do CPP também incidiria no âmbito da Justiça Militar, contrariando tudo o que anteriormente configurado.

Desse modo, é preciso dizer que em tudo que você for fazer na carreira, não pense se isso contraria a jurisprudência majoritária ou se não é sustentado pela doutrina vigente. A análise do Defensor não deve ser a de promover a restrição de atendimento, mas verificando que há viabilidade jurídica na propositura da demanda, ainda que, com chances mínimas de vitória, o feito deve ser protocolado.

Aprendi essa lição em um caso que participei ativamente.

Um determinado assistido prestou seletivo para integrar o curso técnico integrado (ensino médio e técnico ao mesmo tempo) em um instituto federal.

O problema é que o edital previa que todo o ensino fundamental fosse cursado em escola pública, mas a parte autora, a qual defendia, havia cursado o 1º ano do ensino fundamental em escola particular, do 2º ao 4º ano em escola comunitária e os últimos em entidade pública.

Analisei e vi que viabilidade jurídica existia, pois não havia vedação no direito para que a demanda fosse proposta ou tampouco óbice legal ou procedimental, entretanto, as chances de vitória seriam mínimas, porque, em casos similares, o juízo de primeiro grau havia rechaçado a possibilidade, seguindo estritamente o edital, cuja única previsão se referia ao fato de que o estudante deveria cursar em integralidade o ensino fundamental em instituição pública.

A tese ventilada na defesa foi baseada em 3 (três) premissas: 1ª) apenas o 1º ano do ensino fundamental foi cursado em escola particular, esse período não é o responsável pela formação do conhecimento, então, não seria proporcional ou razoável denegar o pedido apenas sob esse fundamento; 2ª) as escolas comunitárias frequentadas eram conveniadas com o Estado ou com o Município, então, seriam uma extensão do ensino público; e 3ª) os últimos anos de estudo foram cursados em local que prestava a educação pública, sendo este período que, efetivamente, foi o responsável pela fixação de assuntos e como parâmetro para concorrência com outros candidatos.

Protocolado o pedido, estava ansiosa, não tanto quanto aquele que poderia ser beneficiado ou prejudicado com a decisão, mas queria ver o resultado.

Qual foi a minha surpresa quando a tutela foi deferida.

Recordo-me dos agradecimentos para a DPU, em virtude da ajuda fornecida.

Aprendi minha lição: *não importa o quão complicado seja sustentar uma tese, se há a mínima possibilidade de o direito ser deferido, arrisque, o máximo que se pode receber é um não, mas isso o seu assistido já tem, então, lute pelo sim.*

Um outro caso que me recordo com carinho, mas até o momento de finalização do livro não tive notícias de posicionamento do juízo, foi a de um senhor que procurou os serviços da Defensoria Pública da União, porque havia sido condenado por improbidade administrativa, além de ter sido punido na esfera criminal, e já havia cumprido as suas sanções há mais de 10 (dez) anos, contudo, não conseguia arrumar trabalho, porque quando o empregador buscava informações no Google, via notícias relacionadas ao fato e deixava de contratá-lo por isso.

Isso reflete exatamente a estigmatização daqueles que são abarcados pela seara penal, pois recebem uma pecha negativa e são marcados na sociedade.

Dessa forma, a ideia de que a pena serve para a ressocialização tem função meramente simbólica, visto que não verificada na prática.

Serve, na verdade, para o propósito de deixar o indivíduo cada vez mais no limbo e sem perspectivas de melhora.

Assim como na França, no reinado do rei Luís XVI, as prostitutas e os ladrões eram marcados a fogo com o símbolo da flor de lis para que pudessem ser reconhecidos, a nossa sociedade faz isso sem precisar de qualquer marca corporal, pois a internet não deixa que fatos passados sejam esquecidos e rememora aspectos da vida que deveriam ser deixados de lado, por causarem uma contínua perpetuação da punição, mesmo após o cumprimento da pena.

Diante desse evento comovente, utilizei a tese do direito ao esquecimento tal qual preconizado pelo Superior Tribunal de Justiça. A tese ventilada era a de que: 1º) não havia fato histórico relevante ou circunstância narrativa que não pudesse dissociar o acontecido da pessoa do peticionante; 2ª) o indivíduo já cumpriu a sua pena e já foi punido, suficientemente, por sua conduta, não podendo ser sancionado de maneira eterna por elementos relacionados ao passado; 3º) As jornadas de direito civil, elaboradas pelo Conselho de Justiça Federal, reconhecem o direito ao esquecimento e a jurisprudência do STJ é assente em informar que o instituto deve ser aplicado na seara penal.

Por fim, para o pedido de retirada do nome do réu de links relacionados ao fato criminoso em sites de busca, utilizei um precedente do Tribunal de Justiça da União Europeia, a qual determinou ao Google que, quando instado, retirasse de seu buscador de links conteúdos irrelevantes de cunho pessoal. Para a Corte referida, as informações à medida que o tempo passa, podem se tornar incompatíveis com o fornecimento de informações em sites, prevalecendo o direito ao esquecimento.

Como disse acima, não sei o resultado dessa querela, mas espero, veementemente, que se privilegie o direito da parte autora, pois permanecer em foco permanentemente, mesmo depois de ter cumprido o seu período de punição, é uma condenação pior do que a prisão perpétua. Porque nesta, você é segregado de seus pares e não precisa se deparar com a reprovação da sociedade, pois está dentro de uma cela, mas estar livre e viver em constante julgamento torna o espírito abatido e as perspectivas de ser integrado no meio social apenas uma falácia, sem verificação na realidade.

Com tudo isso, o que quero passar é que diante de circunstâncias adversas, e elas existirão, o Defensor não pode abaixar a cabeça e se conformar com essa situação segregacionista e limitadora, mas deve ter a postura de erguer a sua cabeça diante das dificuldades, ser inventivo, mas não lunático, e embasar sempre os seus posicionamentos.

Prosseguindo, em linhas superiores fiz menção que me deparei, inicialmente, com duas dificuldades no âmbito do exercício profissional, a primeira na esfera militar e a segunda, diante de minha primeira audiência criminal.

Quem for atuar na esfera penal, além de deparar com algumas dificuldades do exercício da profissão, também pode enfrentar também certa resistência familiar.

Os nossos queridos parentes, às vezes, têm uma visão deturpada de que estamos defendendo bandidos, em detrimento de analisarem que, para toda a acusação, deve haver um contraponto, para fins de garantir o acesso à defesa.

Lembro que minha primeira audiência criminal foi relacionada a estelionato previdenciário. Quando contei para minha mãe que estava lotada em um ofício penal e que iria acompanhar um réu em um processo, a primeira coisa que ela falou foi: 1º) minha filha, você vai defender bandido?; 2º) quantos seguranças a DPU vai disponibilizar para lhe proteger?

Dei uma resposta evasiva, dizendo que ela não precisaria se preocupar, com o objetivo também de não mais alongar o assunto e comecei a me preparar para atuar da maneira mais eficiente no caso.

Quando cheguei na audiência, fiquei esperando por mais de 1 (uma) hora para começar as atividades, a parte boa é que tive a oportunidade de conversar um pouco mais, com um senhor de mais de 60 (sessenta) anos, que recebeu 1 (uma) aposentadoria, após o óbito de sua esposa, para pagar as despesas com o funeral dela e, logo depois, comunicou o óbito ao INSS.

Às perguntas incisivas do juízo, questionando se ele não sabia que pegar dinheiro da previdência era crime, uma resposta ficou guardada em minha memória: "Doutor, eu não sabia que era errado pegar dinheiro para dar uma morte digna a quem já era aposentada. Eu não sou ladrão".

Nesses momentos, você para e pensa que nem tudo é só preto ou branco, há zonas cinzentas, e que aplicar o direito, sem olhar para o fato social, não é entregar justiça, mas cometer impropérios.

Depois de contar essa história em casa, qual foi a minha surpresa com a reação de meus familiares que passaram a enxergar não alguém que havia cometido um fato supostamente enquadrado na norma penal, mas sim um verdadeiro ser humano com todas as suas peculiaridades.

Tive uma experiência extremamente gratificante na seara criminal, mas depois de quase 1 (um) mês de trabalho, a unidade de Belém se deparou com uma circunstância extraordinária, que se dessumiu no pedido de recondução ao cargo de uma Defensora, o que deixou o ofício cível vago.

A opção dela de deixar a carreira não foi relacionada à profissão, mas em virtude de entendimento pessoal de que queria voltar ao seu antigo lar e que desejava seguir outros rumos na vida, diferentes da área jurídica.

Assim, o modelo inicial com 10 (dez) Defensores de 2ª Categoria, sendo 4 (quatro) na área penal, 3 (três) no cível e 3 (três) no previdenciário, restou prejudicado, ficando o ofício cível com um número muito inferior ao das demais vertentes.

Fizemos uma reunião e decidi ser coerente com a nova situação surgida e pedi para deixar o ofício criminal para ocupar o que ficou vago, tendo a consciência de que novas aventuras me aguardavam.

Diferentemente do exercício em outras searas, em que é possível certa especialização do Defensor, a opção pela mudança já veio com a certeza de que eu teria que dar conta de diversos ramos do direito, visto que o ofício é residual, o que não for previdenciário e nem criminal, resvala no cível, ou seja, temas relacionados ao direito civil, tributário, eleitoral, administrativo, dentre outros, começariam a fazer parte de meu cotidiano.

Seria temerário dizer que não fiquei receosa em assumir essa responsabilidade, até porque sabia que nessa esfera iria me deparar com muito mais frequência em conflitos cuja solução seria mais dificultosa, entretanto, mais forte do que o medo foi a coragem de enfrentar o desafio, até porque o aprendizado com a jornada valeria a pena.

Quando me mudei para o gabinete cível, não me desloquei apenas para uma sala diferente, mas para um mundo completamente novo e com demandas bem variadas e com um volume de trabalho consideravelmente superior.

De outro lado, tive uma surpresa muito boa. Ganhei estagiários superpreparados e organizados, um servidor extremamente competente e um ofício bem orientado pelo Defensor antecedente, que inclusive havia elaborado um manual com o qual pude contribuir com alguns acréscimos de assuntos não contidos em seu bojo, a fim de auxiliar os estagiários.

---

2. Imagem disponível no Facebook da Defensoria Pública da União em: https://www.facebook.com/defensoriauniao/photos/a.396373903783617.96454.394191447335196/731111020309902/?type=3&theater. Acesso em 1 de julho de 2016.

Havia uma parceria e uma linearidade que foram suficientes para apagar quaisquer sentimentos iniciais de angústias.

Cresci demais como profissional, deparei-me com conflitos relacionados ao FIES (demanda massiva em todo o país), à regularização fundiária, ao exercício da curadoria especial em execução fiscal, demandas envolvendo o direito internacional, além de outras temáticas.

Não bastasse isso, tive a oportunidade de participar de algumas reuniões da Comissão Estadual de Erradicação do Trabalho Escravo-COETRAE/PA e de audiência pública para discussão sobre a elaboração de um plano estadual de erradicação ao trabalho escravo no Pará.

Aprendi e ensinei bastante nesse período, o qual guardo com extremo carinho.

Depois de 3 (três) meses de exercício profissional em Belém, fui agraciada com a remoção e o retorno para minha casa em São Luís/MA.

Não é preciso descrever como fiquei feliz de retornar ao convívio de meus familiares.

Esse é um dos benefícios de se optar pela carreira da Defensoria Pública da União, com a possibilidade de uma maior mobilidade em relação às demais.

Assumi no Maranhão e fui desafiada com o exercício da chefia da unidade.

Conciliar a atividade fim com a administrativa é bastante difícil.

O trabalho fim na DPU permite que se enxergue como a necessidade da implantação de políticas públicas são uma realidade necessária, por sua vez, a atividade direcionada à gestão administrativa faz com que se lide com a limitação orçamentária do próprio órgão.

Desse modo, lidar com questões tão diferenciadas foi proveitoso para o amadurecimento profissional.

Diante disso, posso dizer que os desafios existem, mas a luta cotidiana tem por objetivo alcançar melhorias na garantia do acesso à justiça e aperfeiçoamento da própria DPU e essas são metas que vale a pena trilhar.

Ademais, é importante colimar que a carreira é muito recente, sendo criada pela Constituição Federal de 1988 e organizada pela Lei Complementar nº 80/94, com os acréscimos promovidos pela Lei Complementar nº 132/09, sendo elencada como função essencial à justiça.

A DPU, efetivamente, foi implementada com a Lei nº 9.020/95, ou seja, 7 (sete) anos depois da previsão contida em nossa norma superior, o que demonstra que o órgão sempre teve que conquistar o seu espaço, mas o espírito aguerrido é um traço institucional e daqueles que fazem parte de seus quadros.

Para se ter ideia de como a Defensoria Pública da União sempre teve que manter a persistência e uma busca constante por se firmar institucionalmente, posso exemplificar com a alteração constitucional advinda pela emenda 45/2004, na qual as Defensoria Públicas Estaduais conquistaram a sua autonomia funcional, administrativa e a iniciativa de sua proposta orçamentária. Nessa modificação não constava de maneira expressa a DPU.

A Defensoria Pública da União, então, lutou pelo reconhecimento da autonomia da entidade, com o propósito de que houvesse menção literal da DPU e de sua autonomia no texto constitucional.

Até porque essa não era uma questão de simples coerência, mas de necessária adaptação da norma jurídica à importância do órgão.

É certo que a autonomia não garante apenas a organização administrativa, financeira ou funcional, mas permite que os Defensores, que são diretamente interessados em que a instituição seja bem gerida, sejam os responsáveis pelos rumos que a carreira vai seguir, com o comprometimento indispensável de quem compõe o órgão e não por gestores externos.

Como consequência, depois de tanto esforço, o resultado desse combate em prol dessa garantia institucional foi realizado com a emenda constitucional n° 74/2013.

Ademais, com a emenda n° 80/14, houveram modificações no texto constitucional e no Ato das Disposições Constitucionais Transitórias, as quais influenciarem diretamente nas perspectivas da DPU.

Por sua importância, insiro a redação completa do texto constitucional e do ADCT com as alterações supracitadas:

SEÇÃO IV
DA DEFENSORIA PÚBLICA
(Redação dada pela Emenda Constitucional n° 80, de 2014)

Art. 134. A Defensoria Pública é instituição permanente, essencial à função jurisdicional do Estado, incumbindo-lhe, como expressão e instrumento do regime democrático, fundamentalmente, a orientação jurídica, a promoção dos direitos humanos e a defesa, em todos os graus, judicial e extrajudicial, dos direitos individuais e coletivos, de forma integral e gratuita, aos necessitados, na forma do inciso LXXIV do art. 5° desta Constituição Federal. (Redação dada pela Emenda Constitucional n° 80, de 2014)

§ 1° Lei complementar organizará a Defensoria Pública da União e do Distrito Federal e dos Territórios e prescreverá normas gerais para sua organização nos Estados, em cargos de carreira, providos, na classe inicial, mediante concurso público de provas e títulos, assegurada a seus integrantes a garantia da inamovibilidade e vedado o exercício da advocacia fora das atribuições institucionais. (Renumerado do parágrafo único pela Emenda Constitucional n° 45, de 2004)

§ 2° Às Defensorias Públicas Estaduais são asseguradas autonomia funcional e administrativa e a iniciativa de sua proposta orçamentária dentro dos limites estabelecidos na lei de diretrizes orçamentárias e subordinação ao disposto no art. 99, § 2°. (Incluído pela Emenda Constitucional n° 45, de 2004)

§ 3° *Aplica-se o disposto no § 2° às Defensorias Públicas da União e do Distrito Federal.* (Incluído pela Emenda Constitucional n° 74, de 2013)

§ 4° São princípios institucionais da Defensoria Pública a unidade, a indivisibilidade e a independência funcional, aplicando-se também, no que couber, o disposto no art. 93 e no inciso II do art. 96 desta Constituição Federal. (Incluído pela Emenda Constitucional n° 80, de 2014)

Art. 135. Os servidores integrantes das carreiras disciplinadas nas Seções II e III deste Capítulo serão remunerados na forma do art. 39, § 4°. (Redação dada pela Emenda Constitucional n° 19, de 1998)

ADCT

Art. 98. O número de defensores públicos na unidade jurisdicional será proporcional à efetiva demanda pelo serviço da Defensoria Pública e à respectiva população. (Incluído pela Emenda Constitucional n° 80, de 2014)

§ 1° No prazo de 8 (oito) anos, a União, os Estados e o Distrito Federal deverão contar com defensores públicos em todas as unidades jurisdicionais, observado o disposto no caput deste artigo. (Incluído pela Emenda Constitucional n° 80, de 2014)

§ 2° Durante o decurso do prazo previsto no § 1° deste artigo, a lotação dos defensores públicos ocorrerá, prioritariamente, atendendo as regiões com maiores índices de exclusão social e adensamento populacional. (Incluído pela Emenda Constitucional n° 80, de 2014)

Ainda com relação à autonomia, acreditava-se que, após a edição da emenda nº 74/2013, não haveria mais questionamentos acerca da própria organização da instituição, mas isso não se mostrou verídico.

Primeiro, o Executivo tentou, diante das propostas orçamentárias apresentadas, fazer cortes de gastos, como se ainda fosse o responsável pela condução da entidade.

Contra essa medida violadora dos pressupostos institucionais, foi impetrado Mandado de Segurança, o qual teve por resultado a seguinte decisão:

> Vistos etc. Trata-se de mandado de segurança, com pedido de liminar, impetrado pela Defensoria Pública da União contra ato praticado pela Presidência da República, consubstanciado na supressão de valores referentes a despesas com pessoal conforme previstas na proposta orçamentária do órgão, durante a consolidação da Proposta Orçamentária da União para o ano de 2015 (Mensagem Presidencial nº 251/2014). Afirma, a impetrante, ser o primeiro ano em que exerce autonomia funcional e administrativa no sentido de indicar seu orçamento à União e que teriam sido excluídos, no procedimento de consolidação, valores indispensáveis ao aprimoramento das atividades do órgão, conforme previstos no Anexo V da proposta remetida, referentes à contratação de membros e servidores e à adequação remuneratória dos membros aos comandos da EC 80/2014. Assim, do total de mais de 245 milhões de reais planejados, apenas 10 milhões de reais teriam sido incluídos no PLOA/2015. Enfatiza a inserção, pela EC 80/2014, de um § 1º no art. 98 do ADCT, estabelecendo prazo de oito anos à União, aos Estados e ao Distrito Federal para implementação da defensoria pública em todas as unidades jurisdicionais, observado o caput do mesmo dispositivo (no sentido de que o número de defensores deve ser proporcional à demanda e à população da unidade). Acresce que a proposta orçamentária teve por objetivo adequar a estrutura da Defensoria Pública da União à disciplina constitucional, e que a restrição financeira imposta pelo Poder Executivo eliminaria essa possibilidade e manteria

a DPU – hoje presente em apenas 22% dos órgãos da Justiça Federal -, no mesmo estado emergencial e provisório em que foi instalada por meio da Lei n° 9.020/95 (inicial, fl. 8). Aponta atribuída ao Congresso Nacional a competência para realizar ajustes e reduções na proposta orçamentária. Assim, o ato impugnado estaria em desacordo com o art. 134, §§ 2° e 3°, da Constituição Federal, que assegura à DPU exatamente a mesma posição jurídico-constitucional do Ministério Público e do Judiciário em relação ao Poder Executivo Federal: a prerrogativa de elaboração da sua própria proposta orçamentária com sujeição única e exclusivamente à própria Constituição e ao disposto nas leis de responsabilidade fiscal e de diretrizes orçamentárias (inicial, fl. 9). Nesse sentido, a EC 80/2014 teria avançado mais um passo em longa evolução iniciada com a EC 45/04 para incluir a defensoria pública no rol das instituições essenciais à Justiça. Defende a compatibilidade da proposta oferecida à Lei de Diretrizes Orçamentárias de 2015 (ainda em trâmite no Congresso). Alega que o orçamento enviado possibilitaria, já em 2015, a abertura de 25 novas unidades "que já contam com orçamento de custeio previsto na norma orçamentária (inicial, fl. 14). Sustenta insuficiente a inclusão dos valores extirpados em anexos, pois tais expedientes acabam tratados pelo Congresso Nacional como se emendas parlamentares fossem, desvirtuando o sentido da prerrogativa constitucional relativa à autonomia financeira. Os pedidos liminares voltam-se à imposição de inclusão, no Projeto de Lei Orçamentária, de todos os valores constantes da proposta original da Defensoria Pública da União, por meio de envio de novo Projeto de Lei Orçamentária de 2015 ao Congresso Nacional, ou por meio da mensagem a que se refere o § 5° do art. 166 da Constituição Federal, antes da apreciação do projeto em curso pela Comissão Mista de Orçamentos, Planos e Fiscalização. Subsidiariamente, requer a impetrante a suspensão da tramitação do PLN n° 13/2014 (PLOA 2015) até a decisão final de mérito. Os pedidos definitivos estão deduzidos no sentido de obter: (i) encaminhamento integral, em anexo próprio, dos valores definidos na proposta orçamentária da Defensoria Pública da União, para apreciação e deliberação do Congresso Nacional; e (ii) ordem de abstenção quanto a futuras alterações unilaterais nas propostas orçamentárias encaminhadas pela Defensoria Pública da União (inicial, fl. 18). A ilustre autoridade indicada como coatora prestou informações, nas quais consigna, em síntese: (i) de acordo com a Secretaria de Orçamento Federal do Ministério do Planejamento, Orçamento e Gestão, o acolhimento integral das propostas apresentadas ofenderia a lei de diretrizes orçamentárias e a lei de responsabilidade fiscal; (ii) na linha de precedentes desta Suprema Corte (mandados de segurança 31.593/DF e 31.627/DF), haveria a possibilidade de os anexos, com as propostas originais do Poder Judiciário e dos órgãos autônomos da União, serem apreciados como parte integrante do projeto de lei orçamentária encaminhado pelo Poder Executivo; (iii) não seria o caso de determinar o reenvio do projeto de lei orçamentária anual de 2015, uma vez já ultrapassado o prazo previsto no art. 35, § 2º, III, do ADCT, qual seja, 31 de agosto de 2014; (iv) tampouco seria o caso de promover aditamento ao referido projeto de lei orçamentária anual, pois as propostas originais do Poder Judiciário e dos órgãos autônomos já foram enviadas, na forma de anexos; (v) a lei de responsabilidade fiscal e a Constituição da República exigem a observância ao princípio do equilíbrio orçamentário; e (vi) o texto constitucional prevê a possibilidade de o Poder Executivo, realizar adequações, respectivamente nas propostas orçamentárias do Poder Judiciário, do Ministério Público e da Defensoria Pública, para fins de observância da LDO. É o breve relato. Decido. 1. Considerando a personalidade judiciária de que se reveste a Defensoria Pública da União para a defesa de suas prerrogativas institucionais, entendo que detém legitimatio ad causam ativa para a presente impetração. 2. Observado o prazo decadencial objeto do art. 23 da Lei 12.016/2009, uma vez datada de 28 de agosto de 2014 a mensagem presidencial que consubstancia o ato dito coator, e impetrado o presente writ em 08 de setembro de 2014. 3. Ainda que o ato de instauração de processo legislativo ostente natureza eminentemente política (MS 32.582, Rel. Min. Celso de Mello), esta não tem o condão de afastar, consoante a jurisprudência tradicional desta Suprema Corte, o controle jurisdicional do ato de consolidação e envio, pela Presidência da República, do projeto de lei orçamentária anual ao Poder Legislativo. Pontuo, todavia, que o controle jurisdicional de ato político há de ser exercido, na minha ótica, com cautela e deferência a eventuais razões de ordem técnica invocadas pela autoridade que o praticou. 4. Consabido que o ciclo orçamentário se desdobra nas etapas de (i) elaboração, (ii) apreciação legislativa, (iii) execução e acompanhamento, e (iv) controle e avaliação. No âmbito da União, os Poderes e os órgãos autônomos devem, na fase de elaboração do projeto de lei orçamentária anual, enviar suas propostas orçamentárias ao Poder Executivo (art. 99, § 2º, I e II, 127, § 3º, e 134, § 2º, da Magna Carta), observados os limites e o prazo estabelecido na lei de diretrizes orçamentárias (arts. 99, §§ 3ºe 4º, 127, § 4º, da Constituição da República). Recebidas as propostas orçamentárias, incumbe ao Poder Executivo consolidá-las, para envio, pela Presidência da República, do projeto de lei orçamentária anual ao Congresso Nacional (arts. 84, XXIII, e 165, III, da Constituição Federal), até 31 de agosto, isto é, quatro meses antes do encerramento do exercício financeiro (art. 35, § 2º, III, do ADCT). O Poder Executivo, a seu turno, somente está constitucionalmente autorizado a promover ajustes nas propostas enviadas pelos demais Poderes e órgãos autônomos da União, para fins de consolidação, quando as despesas projetadas estiverem em desacordo com os limites estipulados na lei de diretrizes orçamentárias (art. 99, § 4º, 127, § 5º, e 134, § 2º, da Constituição da República). Inexistindo incompatibilidade com a lei de diretrizes orçamentárias, carece de amparo no ordenamento jurídico pátrio a alteração, pelo Poder Executivo, das propostas encaminhadas pelos demais Poderes e órgãos autônomos, ainda que sob o pretexto de promover o equilíbrio orçamentário e/ou de assegurar a obtenção de superávit primário. Transcrevo, a propósito, ementa de precedente do Plenário desta Suprema Corte, sem grifos no original: EMENTA Arguição de descumprimento de preceito fundamental. Medida cautelar. Referendo. Ato do Poder Executivo do Estado da Paraíba. Redução, no Projeto de Lei Orçamentária de 2014 encaminhado pelo Governador do Estado da Paraíba à Assembleia Legislativa, da proposta orçamentária da

Defensoria Pública do Estado. Cabimento da ADPF. Mérito. Violação de preceito fundamental contido no art. 134, § 2º, da Constituição Federal. Autonomia administrativa e financeira das Defensorias Públicas estaduais. Medida cautelar confirmada. 1. A Associação Nacional dos Defensores Públicos, segundo a jurisprudência do Supremo Tribunal Federal, não detém legitimidade ativa para mandado de segurança quando a associação e seus substituídos não são os titulares do direito que pretende proteger. Precedente: MS nº 21.291/DF-AgR-QO, Relator o Ministro Celso de Mello, Tribunal Pleno, DJ de 20/10/95. Resta à associação a via da arguição de descumprimento de preceito fundamental, único meio capaz de sanar a lesividade alegada. 2. A autonomia administrativa e financeira da Defensoria Pública qualifica-se como preceito fundamental, ensejando o cabimento de ADPF, pois constitui garantia densificadora do dever do Estado de prestar assistência jurídica aos necessitados e do próprio direito que a esses corresponde. Trata-se de norma estruturante do sistema de direitos e garantias fundamentais, sendo também pertinente à organização do Estado. 3. A arguição dirige-se contra ato do chefe do Poder Executivo estadual praticado no exercício da atribuição conferida constitucionalmente a esse agente político de reunir as propostas orçamentárias dos órgãos dotados de autonomia para consolidação e de encaminhá-las para a análise do Poder Legislativo. Não se cuida de controle preventivo de constitucionalidade de ato do Poder Legislativo, mas, sim, de controle repressivo de constitucionalidade de ato concreto do chefe do Poder Executivo. 4. São inconstitucionais as medidas que resultem em subordinação da Defensoria Pública ao Poder Executivo, por implicarem violação da autonomia funcional e administrativa da instituição. Precedentes: ADI nº 3965/MG, Tribunal Pleno, Relator a Ministra Cármen Lúcia, DJ de 30/3/12; ADI nº 4056/MA, Tribunal Pleno, Relator o Ministro Ricardo Lewandowski, DJ de 1/8/12; ADI nº 3569/PE, Tribunal Pleno, Relator o Ministro Sepúlveda Pertence, DJ de 11/5/07. Nos termos do art. 134, § 2º, da Constituição Federal, não é dado ao chefe do Poder Executivo estadual, de forma unilateral, reduzir a proposta orçamentária da Defensoria Pública quando essa é compatível com a Lei de Diretrizes Orçamentárias. Caberia ao Governador do Estado incorporar ao PLOA a proposta nos exatos termos definidos pela Defensoria, podendo, contudo, pleitear à Assembleia Legislativa a redução pretendida, visto ser o Poder Legislativo a seara adequada para o debate de possíveis alterações no PLOA. A inserção da Defensoria Pública em capítulo destinado à proposta orçamentária do Poder Executivo, juntamente com as Secretarias de Estado, constitui desrespeito à autonomia administrativa da instituição, além de ingerência indevida no estabelecimento de sua programação administrativa e financeira. 5. Medida cautelar referendada. (Destaquei. ADPF 307 MC-Ref, Rel. Min. Dias Toffoli, Tribunal Pleno, DJe de 27.3.2014) Ainda sobre a inviabilidade de o Poder Executivo efetuar, de forma unilateral e sem respaldo em lei de diretrizes orçamentárias, supressões nas propostas orçamentárias enviadas por outros Poderes ou órgãos autônomos, rememoro precedentes desta Suprema Corte em que deferida medida liminar: "(...) a rigor, a Presidência da República deve assegurar ao Congresso Nacional o conhecimento amplo e irrestrito das expectativas do Ministério Público Federal. O acesso à proposta original é condição inafastável para que os representantes políticos dos cidadãos brasileiros exerçam esse poder-dever de verificar a conveniência e a oportunidade de autorização dos dispêndios previstos. Assim, ao menos nesta primeira leitura, o exercício da competência para 'adequar' a proposta orçamentária deve ser conciliado tanto com a expectativa do Ministério Público Federal como com a do Congresso Nacional de ampla cognição das necessidades de custeio vislumbradas pelo procurador-geral da República. (...) Ante o exposto, concedo a medida liminar pleiteada, para assegurar que a proposta orçamentária original do Ministério Público Federal seja conhecida e examinada pelo Legislativo. Fica garantida à Presidência da República que o encaminhamento do texto original da proposta orçamentária elaborado pelo procurador-geral da República seja acompanhado por todas, quaisquer e cada uma das observações pertinentes à conveniência, à oportunidade, à legalidade e à constitucionalidade da pretensão, que a Presidência da República entender cabível." (MS

31618 MC, Rel. Min. Joaquim Barbosa, DJe de 19.11.2012) "Considerando a documentação anexada na presente data pela Presidência da República, oficie-se às Mesas das Casas do Congresso Nacional para que apreciem a proposta de orçamento do Poder Judiciário, anexas à Mensagem nº 387/2012, oficialmente elaborada, como integrante do projeto de lei que 'Estima a receita e fixa a despesa da União para o exercício financeiro de 2013'." (MS 31627, Rel. Min. Luiz Fux, DJe de 13.11.2012) "2. Há muito tempo, o Supremo fixou competir ao Poder Executivo a consolidação da proposta orçamentária, observando, conforme apresentada, a alusiva ao Judiciário. Cumpre ao Legislativo, em fase subsequente, apreciá-la. É incompreensível que o Executivo, mesmo diante de pronunciamentos do órgão máximo da Justiça brasileira, insista, a partir de política governamental distorcida, porque conflitante com a Constituição Federal, em certa óptica e invada campo no qual o Judiciário goza de autonomia. Constata-se, realmente, a quadra vivenciada. Impõe-se a correção de rumos. Impõe-se o respeito às regras estabelecidas por aqueles que personificam o Estado/gênero. 3. Defiro a medida acauteladora para que o Estado de Alagoas, de posse da lei orçamentária, implemente nova consolidação – presentes os orçamentos do Executivo e do Judiciário -, levando em conta a proposta aprovada e encaminhada pelo Tribunal de Justiça." (MS 28405, Rel. Min. Marco Aurélio, DJe de 25.11.2009) "O Supremo Tribunal Federal, na sessão administrativa de 2.8.89, interpretando os dispositivos Constitucionais referentes à autonomia financeira do Poder Judiciário, prerrogativa estendida ao M.P., entendeu que incumbe aos Tribunais inscritos no§ 2º do art. 99, da Constituição, aprovar o respectivo orçamento, que será remetido, pelo Presidente da Corte, ao Chefe do Poder Executivo, a fim de ser incorporado, nos próprios termos que aprovado, ao projeto de lei orçamentária de iniciativa do Presidente da República. No caso, o impetrante dá notícia de que, por ordem do Chefe do Poder Executivo, a proposta orçamentária do M.P. sofreu drástica redução, 'que compromete a realização das atividades essenciais do Ministério Público da União', por isso mesmo 'ofensiva à sua autonomia administrativa, funcional e financeira, enunciada no art. 127,

§§ 2º e 3º, da Constituição Federal', além de atentar 'contra a própria sobrevivência da instituição, essencial à Justiça.' Tenho como ocorrentes, portanto, no caso, os requisitos do 'fumus boni juris' e do 'periculum in mora'. Por tal razão, defiro a medida liminar, para que não seja efetuada a redução, pelo Executivo, de forma unilateral, da programação orçamentária do Ministério Público da União. Poderá o chefe do Poder Executivo Federal solicitar ao Congresso a redução pretendida, ficando o Congresso como árbitro da questão. Com esta decisão, o Supremo Tribunal não está contrário ao Plano Econômico formulado pelo Governo. Está, sim, cumprindo a Constituição, devendo o Congresso Nacional dar a última palavra. (MS 21855, Rel. Min. Carlos Veloso, DJ de 1º.02.1994) 5. Na espécie, os documentos juntados aos autos pela impetrante apontam para a ilegítima supressão, pelo Poder Executivo, de despesas previstas na proposta orçamentária encaminhada pela Defensoria Pública da União. É o que se extrai do seguinte trecho da Exposição de Motivos nº 143/2014, do Ministério do Planejamento, Orçamento e Gestão, encaminhada ao Congresso Nacional juntamente com a Mensagem Presidencial nº 251/2014: "3. Cumpre-me ainda informar a Vossa Excelência que o Tribunal de Contas da União, o Poder Judiciário, a Defensoria Pública da União e o Ministério Público da União encaminharam ao Poder Executivo propostas de elevação de remuneração do seu funcionalismo e de criação/provimentos de cargos e funções, objeto dos Pls nºs 7.560, de 2006, 319, de 2007; 6.613 e 6.697, de 2009; 7.429 E 7.785, de 2010; 2.201, de 2011; 5.426, 5.491, 6.218 e 6.230, de 2013; 7.717, 7.784 e 7.904, de 2014; e da PEC nº 63, de 2013, além de passivos administrativos, com impacto total de cerca de R$ 16,9 bilhões em 2015. 4. Tais propostas, em sua maioria, não puderam ser contempladas no projeto de lei orçamentária ora encaminhado em razão do cenário econômico atual, no qual o Brasil necessita manter um quadro de responsabilidade fiscal que permita continuar gerando resultados primários compatíveis com a redução na dívida pública em relação ao PIB e com a execução de investimentos e políticas sociais, garantindo, assim, o controle da inflação e os estímulos ao investimento e ao emprego. 5. Ademais, é oportuno lembrar que o Poder Executivo, em 2012, estudou cenários prospectivos para os exercícios futuros e, dadas as condicionantes advindas das receitas projetadas e da evolução das despesas primárias obrigatórias da União, evidenciou-se um espaço fiscal que possibilitou a concessão de reajustes para todas as carreiras da União, equivalendo a 15,8% em três anos, sendo 5% ao ano no período de 2013 a 2015, os quais representam em 2015 um impacto de R$ 11,7 bilhões, sendo R$10,1 bilhões no âmbito do Poder Executivo e R$ 1,6 bilhão para os demais Poderes, a Defensoria Pública da União e o Ministério Público da União. 6. Todavia, em atendimento ao princípio republicano da separação dos Poderes, e cumprindo dever constitucional, envio, em anexo, as proposições originalmente apresentadas pelo Tribunal de Contas da União, pelo Poder Judiciário, pela Defensoria Pública da União e pelo Ministério Público da União." (Destaque no original). Não obstante ponderáveis os argumentos apresentados pela autoridade coatora, porquanto tecnicamente orientados à elaboração de um projeto de lei orçamentária fiscalmente responsável, respeitada a meta de superávit primário, tenho, em um primeiro olhar, por carente de legitimidade constitucional a modificação empreendida na proposta encaminhada pela Defensoria Pública da União. Destaco, a propósito do tema, que até a presente data – 30 de outubro de 2014 –, ainda se encontra pendente de análise pelo Legislativo o projeto de lei que dispõe sobre as diretrizes para a elaboração e execução da lei orçamentária de 2015. Nesse contexto, na ausência de lei de diretrizes orçamentárias aprovada e em vigor, reputo despida de respaldo constitucional a atuação do Poder Executivo na adequação da proposta orçamentária enviada para consolidação. Tampouco emerge, da exposição de motivos integrada à mensagem presidencial, concreta e precisa indicação de que a proposta enviada pelo pela impetrante esteja, em si mesma, e não quando considerada no contexto geral das despesas totais projetadas pela União – à luz dos princípios da unidade e da universalidade orçamentária -, em descompasso com a lei de responsabilidade fiscal. Nessa linha, frente ao fumus boni juris e ao evidente periculum in mora, impõe-se o deferimento de liminar que assegure ao Poder Legislativo o conhecimento irrestrito da proposta orçamentária apresentada pela impetrante, como integrante do projeto de lei orçamentária anual de 2015. Não me parece razoável, entretanto, em juízo de delibação, a pretendida determinação de envio de nova proposição legislativa pela autoridade coatora, uma vez (i) já ultrapassado o prazo previsto no art. 35, § 2º, III, do ADCT; (ii) admitida pelo texto constitucional medida menos gravosa, qual seja, a modificação do projeto de lei orçamentária, "enquanto não iniciada a votação, na Comissão mista, da parte cuja alteração é proposta" (art. 166, § 5º, da Magna Carta); e (iii) já encaminhada a proposta original da ora impetrante ao Congresso Nacional, ainda que de forma inadequada, como mero anexo ao projeto de lei orçamentária anual. Nessa perspectiva, e observados os precedentes desta Suprema Corte anteriormente aludidos, entendo mais consentâneo o deferimento de tutela de urgência que assegure o conhecimento, pelo Poder Legislativo, para deliberação, da proposta orçamentária original, como integrante, repito – e não como mero anexo – do projeto de lei orçamentária anual de 2015. Tal providência, na minha compreensão, é a que melhor se ajusta o princípio da proporcionalidade – na perspectiva da adequação, necessidade e proporcionalidade em sentido estrito -, enquanto assegura o devido processo legislativo orçamentário, reduz o risco de lacuna orçamentária quanto ao exercício financeiro de 2015 ao contribuir para a solução mais célere da controvérsia, e preserva a autonomia da impetrante. É do Congresso Nacional o papel de árbitro da cizânia, pois, ao examinar, em perspectiva global, as pretensões de despesas dos Poderes e órgãos autônomos da União, exercerá o protagonismo que lhe é inerente na definição das prioridades. De mais a mais, enfatizo que eventual comando para nova consolidação das propostas, por parte da autoridade coatora, não poderia redundar em inversão na equação, desta feita com ofensa à autonomia orçamentária e financeira do Poder Executivo. Tampouco este há de ser compelido a reduzir suas expectativas de despesa para acomodar as pretensões de gastos deduzidas pelos demais Poderes e órgãos autônomos, inclusive a Defensoria Pública da União. O quadro de desencontro das receitas estimadas com as previsões globais de despesas, exacerbado, ou quiçá provocado, pela ausência de tempestiva aprovação da lei de diretrizes para a elaboração e execução da lei orçamentária anual de 2015, desautoriza atuação do Poder Executivo na adequação das propostas dos demais Poderes e órgãos autônomos. O equilíbrio orçamentário e o compromisso com a geração de resultados primários positivos há de ser objeto de debate no âmbito do Poder Legislativo, ao qual incumbirá, v.g., deliberar acerca da anulação das despesas que, em juízo de valoração política, sejam havidas por menos relevantes, em cotejo com as demais, e/ou pela necessidade de reestimativa de receitas, se verificado erro ou omissão de ordem técnica ou legal (art. 12, § 1º, da LC nº 101/2000). Relembro que, concluída a fase de apreciação legislativa e submetido o projeto de lei orçamentária anual à Presidência da República, caso vislumbrada ausência de equilíbrio entre despesas e receitas ou a impossibilidade de geração de resultado primário compatível com a redução da dívida pública em relação ao PIB, ou, ainda, outro óbice de natureza política ou jurídica, há a possibilidade de veto total ou parcial ao projeto de lei orçamentária anual, assegurada, em qualquer caso, submissão ao Congresso Nacional, para manutenção ou rejeição do veto presidencial. 6. Ante o exposto, forte no poder geral de cautela e no princípio constitucional da proporcionalidade, defiro o pedido de medida liminar, para assegurar que a proposta orçamentária original encaminhada pela impetrante, anexa à Mensagem Presidencial nº 251/2014, seja apreciada pelo Congresso Nacional como parte integrante do projeto de lei orçamentária anual de 2015. Publique-se. Comunique-se, com urgência, encaminhando ofícios à Presidente da República, ao Presidente do Congresso Nacional, ao Presidente, ao Relator-Geral e ao Relator Setorial da área temática de Poderes do Estado e Representação da Comissão Mista de Planos, Orçamentos Públicos e Fiscalização (STF, MS 33193-DF, Rel. Min. Rosa Weber, Dju 30/10/2014)

Essa manifestação judicial foi muito importante para a consolidação da autonomia defensorial, visto que se o Executivo fosse autorizado a fazer cortes no orçamento, sem justificativa plausível, a interiorização e a própria estruturação da carreira seriam muito mais difíceis de serem enxergados.

Por sua vez, esse não foi o único episódio em que a DPU precisou reunir forças para a defesa de sua autonomia.

Isso porque, a Presidente da República resolveu propor a ADIN 5296 contra a EC nº 74/2013, com o objetivo de que fosse reconhecido o vício de iniciativa e, como consequência, fosse julgada inconstitucional a previsão. Conforme manifestação do Advogado Geral da União, a modificação do texto constitucional de origem parlamentar, teria vício de iniciativa, pois, segundo a concepção retratada, apenas o chefe do Poder Executivo poderia propor alteração no regime jurídico dos servidores públicos, dentre eles a DPU.

Recordo-me que a carreira ficou bastante preocupada com a possibilidade de perder a autonomia e, apesar dos fundamentos exarados terem plausibilidade questionável, ainda assim remanescia o receio de retornar ao *status quo ante*.

No dia 18 de maio de 2016, foi votada a medida cautelar no âmbito da ADIN 5296, e a maioria dos ministros se posicionou pelo indeferimento do pedido da Presidente, ao se manifestarem no sentido de que a emenda não estaria ferindo o princípio da separação de poderes.

Assim, houve nova vitória institucional para a manutenção da autonomia, o que é extremamente importante para que outras lutas também significativas sejam implementadas, como questões salariais, estruturais, projeto de interiorização e carreira de apoio.

Com a valorização da DPU, o próximo passo a ser sustentado pelo órgão e que, sem sombra de dúvidas, já sofre resistências, é a proposta de equiparação com o Ministério Público Federal e a Magistratura Federal.

Isso porque, não faz sentido que carreiras fundamentais ao acesso à justiça tenham condições salariais tão discrepantes.

Desse modo, a meta institucional é promover uma readequação salarial e isso perpassa não só pela mudança legislativa, mas pela mudança de mentalidade com relação ao papel desempenhado pela DPU.

Ocorre que a própria União parece não ter interesse em promover melhorias na esfera da Defensoria e esse fato é comprovado pela própria propositura de ADIN, pois a DPU litiga, na maioria das vezes, contra esse ente público.

Nesse bojo, perceba o quanto foi importante essa desvinculação com a União, pois se a DPU ainda se mantivesse atrelada à essa pessoa jurídica, ficaria muito difícil o exercício profissional, sob pena de retaliações.

Ademais disso, outro ponto indispensável e que não pode ser esquecido é a questão estrutural do órgão e a interiorização, como dispõe o art. 98, do ADCT.

Hoje a DPU conta com pouco mais de 600 (seiscentos) Defensores em todo o Brasil e, com esse número, fica impossível, não apenas dar conta das demandas, mas ainda promover um processo de ocupação e distribuição de acesso à justiça de maneira equânime e eficiente para locais longínquos e aos interiores que são sede da justiça federal, nos quais o preenchimento do espaço pela DPU é indispensável.

Ainda assim, mesmo com um corpo de trabalho tão pequeno, é maravilhoso poder ver que fazemos a diferença na vida das pessoas.

Como exemplo de destaques na DPU, cito três exemplos de como o compromisso com os assistidos é capaz de mover montanhas.

Em 2010, a Defensoria Pública da União conquistou o Prêmio Innovare com a atuação da Defensora Pública Federal Luciene Strada em um projeto de combate ao escalpelamento, o qual ocorre quando o cabelo se enrosca no eixo de embarcações e faz com que o cabelo, orelha e outras partes do rosto sejam arrancados durante o transporte nos rios, principal meio de deslocamento de populações ribeirinhas.

Essa ação foi relevante não só para a conscientização da população e dos barqueiros, mas ainda para que acidentes fossem evitados, bem como para promover políticas públicas para o tratamento das pessoas que foram vítimas desse acontecimento.

Ademais disso, em 2012, a DPU conseguiu ser novamente premiada, em virtude da ação da DPU/MA e de seus Defensores, pela apresentação de seu projeto com portadores de hanseníase. Conforme noticiou o site da Defensoria Pública da União[3]:

> Pela segunda vez em dois anos, a Defensoria Pública da União venceu o Prêmio Innovare. Os defensores públicos federais Gioliano Damasceno, Marcos Brito Ribeiro e Yuri Costa representaram a equipe responsável pela prática ganhadora na cerimônia de premiação, realizada na quarta-feira (7), no Supremo Tribunal Federal (STF).
>
> Vencedor na categoria Defensoria Pública, o projeto com portadores de hanseníase desenvolvido pela DPU no Maranhão beneficia mais de 100 pessoas que recebem tratamento na Colônia do Bonfim, localizada na capital, São Luís.
>
> Desde 2009, a equipe composta pelos defensores Yuri Costa, Gioliano Damasceno, Marcos Brito Ribeiro, Ana Carolina Fonseca Valinhas e Marília Silva Ribeiro de Lima trabalha com foco em mecanismos extrajudiciais de assistência e articulação com

---

3. ASCOM. DPU ganha novamente o Prêmio Innovare. Disponível em: http://www.dpu.gov.br/index.php?option=com_content&view=article&id=9834:dpu-ganha-novamente-o-premio-innovare&catid=215:noticias-slideshow&Itemid=458. Acesso em 1 de julho de 2016.

setores do governo e da sociedade civil, a fim de assegurar os direitos e resgatar a cidadania de pessoas atingidas pela doença.

Para o defensor público-geral federal, Haman Córdova, "o trabalho desenvolvido pelos defensores públicos federais em exercício em São Luís leva cidadania e, por consequência, dignidade às vítimas da hanseníase, que por décadas sofreram não apenas com o preconceito, mas também com o afastamento do convívio social".

O defensor público-chefe da DPU no Maranhão, Gioliano Damasceno, contou como foi o início do trabalho. "Muitos tinham entrado com processos administrativos que estavam parados desde 2007. Há quatro anos, começamos a reunir a documentação para entrar com os pedidos de pensão especial, via processo administrativo ou judicial, além de outros benefícios", relatou.

A atuação dos defensores inclui, entre outras medidas, ações relacionadas à reestruturação física do Hospital Aquiles, tratamentos médicos, o fornecimento de próteses, órteses e medicamentos e concessão de pensão especial a indivíduos submetidos à internação compulsória, realizada pelos órgãos governamentais como medida sanitária.

O Movimento de Reintegração das Pessoas Atingidas pela Hanseníase (Morhan) atuou como parceiro da DPU no projeto. Artur Sousa, coordenador nacional do Morhan, comemorou a análise da comissão julgadora do Prêmio Innovare. "Foi um papel importante da Defensoria nesse caso, até porque forneceu a noção de direitos a essas pessoas, que sofrem muito preconceito e discriminação. E também garantiu esses direitos com uma solução ágil", ressaltou Sousa.

O subprocurador-geral da República, Wagner Gonçalves, membro da comissão julgadora, parabenizou o papel da DPU em lidar com o atendimento a portadores de uma enfermidade com forte estigma social. "Essa prática é um exemplo do trabalho de defensoria que deu certo. A hanseníase é, desde a Bíblia, uma doença marcada pela exclusão e a atuação da DPU conseguiu garantir direitos e cidadania", frisou (...).

Em 2016, destaco a importante atuação do Defensor Público Federal no Rio de Janeiro, Dr. Daniel Macedo, pois é conhecido o seu esforço na esfera da melhoria da saúde pública.

A sua mais recente ação resvala na esfera de pessoas com câncer, para que seja aprovada a substância conhecida como a "pílula do câncer" (fosfoetanolamina), desenvolvida pelo pesquisador, ex-professor da USP, Dr. Gilberto Chierice, e seu grupo de apoio.

E, apesar da recente derrota no STF, em que o Plenário deferiu medida liminar na Ação Direta de Inconstitucionalidade (ADI) 5501 para suspender a eficácia da Lei 13.269/2016 e, por consequência, o uso da fosfoetanolamina sintética, conhecida como "pílula do câncer", em pacientes com neoplasia maligna, o Defensor Daniel continua a sustentar que deve ser reconhecido o direito de tentar a cura, visto que, para aqueles que já foram desenganados pelos médicos, a possibilidade de ter uma última alternativa não lhes pode ser retirada.

Assim, é evidente que, apesar de todas as dificuldades, temos pessoas comprometidas com o próximo e essa é uma das motivações que me faz todo dia querer sair de casa.

É saber que, ao adentrar o gabinete e no âmbito de ações extrajudiciais, irei fazer a diferença na vida de indivíduos que sequer conheço, mas que estou tentando auxiliar de todas as maneiras possíveis.

É ouvir como o seu trabalho faz diferença e como a atuação da DPU é importante para aqueles que jamais teriam condições de litigar por seus direitos, em virtude de não terem muitas vezes nem o mínimo existencial, nem o mais básico e salutar para viver.

É perceber que, mesmo com tão poucos recursos, você encontra pessoas agradecidas e contentes porque o seu direito foi respeitado e a Defensoria Pública da União foi parte nessa escalada.

Lembro de um caso em que atuei na defesa criminal de um senhor. Quando ele me olhou, a primeira coisa que disse foi: "mandaram uma adolescente para me defender".

Em um primeiro momento, eu não sabia se ria, se agradecia por ele ter me considerado bem nova ou se rechaçava o comentário.

Optei pelo silêncio e apenas o questionei sobre informações fáticas e processuais.

Ao final da audiência, esse senhor se aproximou de mim e disse o seguinte: "obrigada por ficar perto de mim, porque eu estava com muito medo, mas a senhora é tão calma que eu fiquei tranquilo".

Foi o primeiro agradecimento que recebi e tive vontade de chorar com a declaração de afeto, mas lágrimas de alegria.

Entendi que o pequeno esforço que faço cotidianamente em prol de alguém que é assistido não é benéfico apenas para essa pessoa, mas traz uma satisfação também em minha vida.

Posso dizer que sou um ser humano bem melhor do que era antes. Hoje dou muito mais valor às pessoas e para as suas histórias, não que eu me olvidasse disso antes, mas sim porque a forma de enxergar a vida é diferenciada quando se adentra nos quadros da DPU e essa é uma experiência inigualável, que tenho o privilégio de experimentar e a qual sei que logo vocês estarão comigo nessa jornada.

VII

DEPOIMENTOS DE COLEGAS DE CARREIRA

Esse capítulo é dedicado aos relatos de colegas de carreira, os quais descrevem como foi a rotina de preparação, algumas dificuldades enfrentadas ao longo da trajetória e demonstram que o resultado de quem persevera nos seus propósitos não pode ser outro, além da aprovação.

Vejam os exemplos e se inspirem, assim como ocorreu comigo, ao ler cada um dos relatos de meus queridos companheiros de luta na DPU e de suas histórias de superação diante dos obstáculos enfrentados até conseguirem ser nomeados para o cargo público almejado.

DPU
DEFENSORIA PÚBLICA DA UNIÃO [1]

1. Imagem retirada do site da Defensoria Pública da União. Disponível em: http://www.dpu.gov.br/. Acesso em 23 de junho de 2016.

YURI COSTA

Defensor Público Federal no Maranhão, exercendo a função de Defensor Regional de Direitos Humanos

Rememorar o período de preparação para concursos é algo contraditório. É prazeroso, agora, passados alguns anos, olhar para trás e experimentar um sentimento de que "tudo aquilo já passou", em um misto de dever cumprido e da certeza de que uma relevante fase de minha vida foi superada. Há porém certa angústia nessas lembranças. De repente vem aquele frio na barriga que tanto me acompanhou ao longo dos quatro anos que separam os primeiros dias de minha preparação e a decisão de encerrar os estudos para concursos. Entre o prazer e a angústia dessa memória, confesso que predomina um gosto de felicidade.

Passada a etapa de preparação, talvez seja agora possível escrever sobre as angústias, as incertezas e os desafios experimentados nesse período; não com a maestria de um professor, mas com a humildade de quem sabe ser única cada experiência. Única sim, mas não exclusiva.

Na trilha da preparação para concursos me deparei com um desafio pessoal. Tenho baixa visão, o que tornava bastante sacrificante estudar â noite e cansativo ler durante várias horas seguidas. A primeira decisão foi então não transformar esse problema em um obstáculo intransponível. Por outro lado, não poderia perder a consciência de que a preparação deveria ser adaptada a minhas limitações.

A maior dificuldade, porém, foi construir uma disciplina compatível com o desafio de realizar concursos públicos; de inserir os estudos em um cotidiano no qual minha preparação fosse protagonista, sem contudo absorver por inteiro o sentido de minha vida, como se ela apenas existisse para tal fim. Tarefa hercúlea! Por isso mesmo falo em uma *construção*, pois o disciplinamento não ocorre de um dia para outro e está sempre sujeito a retrocessos.

Aprendi aos poucos a ser rigoroso quanto aos horários de estudo. Cheguei a elaborar planilhas (e foram dezenas delas!) com a distribuição de tarefas, todas voltadas à preparação para concursos. Essa mania, se por um lado me persegue até hoje, por outro foi um passo fundamental para o disciplinamento nos estudos.

Outro imenso desafio – e esse apenas percebi após o encerramento de minha preparação – foi conciliar o ritmo de estudos com uma vida privada tão necessária à felicidade. Por conta da dedicação às provas, afastei-me de vários amigos e um pouco até de minha família – o "concurseiro" é acima de qualquer coisa um solitário! Os estudos influenciaram meu humor, minha ideia do que sejam atividades produtivas e minha capacidade de relacionamento. Mas tive muito apoio nessa jornada. Sou imensamente grato à compreensão e paciência de recebi de minha família e de minha namorada (hoje esposa).

Se pensei em desistir de concursos durante a preparação? Creio que todo "concurseiro" pensa nisso. No meu caso, o que me fez seguir em frente foi a certeza de minha opção em perseguir a ascensão profissional através de concursos públicos. A isso se somou os resultados positivos nas provas, ainda que, inicialmente, apenas nas primeiras etapas. O gosto de ver os resultados aparecendo supera a simples ideia da reprovação.

A preparação em si se deu através de diferentes etapas, as quais hoje posso tentar organizar em um relato (quem dera que a experiência tivesse sido tão coerente assim!). O depoimento a seguir não é uma fórmula, pois ela não existe para quem se prepara para concursos, mas apenas uma síntese de *minha* vivência nessa preparação.

Iniciei meus estudos com a certeza de que teria que reconstruir uma base de conhecimentos prejudicada pelas falhas na graduação que tive na Universidade. Decidi que o melhor caminho seria não vincular minha preparação, de imediato, a um edital. Separei nove meses nos quais tentei centralizar meus esforços na superação de deficiências nesta ou naquela matéria.

Após isso, comecei a definir minhas carreiras de interesse nos concursos e a fazer provas. Essa definição foi de início apenas geral. Decidi, por exemplo, não fazer concursos para nível médio ou mesmo para cargos de analista. Foquei minha atenção na advocacia pública, na defensoria pública e na magistratura. Agora já me preocupava o conteúdo programático do edital, mas sem perder o relevante exercício de aparar as arestas deixadas por eventuais carências em minha formação.

Realizei provas apenas mais próximas de minha cidade (São Luís/MA) ou, no máximo, nas capitais vizinhas. Estratégia de concurso? Não! Falta de dinheiro mesmo...

Aos poucos aprendi a analisar com paciência meu rendimento em cada prova. Regra geral, permitia-me uns poucos dias de descanso após o concurso e, assim que havia a divulgação do gabarito, analisava com atenção meu (in)sucesso em cada área, quantificando-o em percentuais de acertos e de erros. Isso me ajudou (e muito!) a avançar nos estudos com alguma certeza quanto a minhas deficiências.

Ao longo dos anos de preparação, experimentei vários métodos de estudo: gravar resumos em áudio e depois os ouvir; resenhar textos doutrinários; sintetizar jurisprudências, organizando-as por temas etc. Qual foi o mais eficiente? Não saberia dizer, mas todos foram relevantes diante de minha opção em não fazer cursinhos preparatórios e em condensar minha preparação nos estudos feitos em casa.

Quanto ao que estudava, aos poucos fui percebendo que o mais produtivo era mesclar diferentes objetos de estudo. No momento mais maduro de minha preparação, tinha horários alternados – para evitar fazer durante horas as mesmas atividades – de contato com doutrinas, legislação "seca", atualização legislativa, respostas de questões de múltipla escolha e leitura de informativos. O mais importante mesmo foi perceber que tipo de preparação estava "rendendo", abandonando formas de estudo às quais não me adaptei e insistindo naquelas que me levaram a um aprendizado mais rápido e eficiente. Nesse particular, a autorreflexão sobre os estudos é fundamental.

Ao fim, veio o sucesso em diferentes concursos, alcançado sofridamente após três anos de estudo. Fui aprovado para notário e registrador, procurador do Estado, juiz estadual, defensor público federal e defensor público estadual, nessa ordem. Optei pela Defensoria Pública da União.

Ouso dar algumas dicas para quem se prepara para concursos. Não são infalíveis e talvez sequer sirvam para todos os que leem este texto. Para mim serviu.

A primeira decisão a ser tomada é optar em "fazer concurso" ou em eleger outra atividade jurídica, como a advocacia ou o magistério. Essa escolha deve estar bem clara para o candidato desde o princípio. Se a escolha foi realizar concursos, aproveite a juventude para a preparação. Não coloque esse desafio como algo sempre "para frente". Com a (matur)idade, naturalmente nossas prioridades mudam, como também muda um pouco a certeza de abdicar tanto de nossa vida particular em prol do sucesso em concursos.

Não se preocupe em definir, de imediato, a exata carreira que você trilhará. Se tiveres alguma preferência, ótimo! Invista nisso! Mas essa não é uma obrigação, sobretudo no princípio dos estudos. Não se esqueça de que todas as carreiras jurídicas são socialmente relevantes e, em sua maioria, financeiramente interessantes.

Reflita sobre suas prioridades na vida (estabilidade, remuneração, local de lotação, cotidiano de trabalho, "status" etc.) e sobre como os concursos se adequam a elas. No meu caso, tinha certeza em priorizar a afinidade com a atividade-fim (daí a opção pela defensoria pública) e a compatibilidade com minha carreira acadêmica na cidade onde resido, já que sou professor universitário em São Luís e tinha como meta fazer também mestrado e doutorado (daí a escolha da DPU).

Ainda sobre essas prioridades, mais uma dica: não siga apenas a opinião dos outros (afinal, se assim fizéssemos, todos seríamos juízes), sobretudo de quem desconhece o cotidiano e as condições de trabalho dos profissionais da área jurídica. Tome suas próprias decisões. Oriente-se para a direção que *você* entende que lhe fará profissionalmente realizado.

Como antes mencionei, entendo que a preparação para concursos passa, sobretudo, pela disciplina. O "concurseiro" (daí esse nome) deve ser um profissional do concurso. Ainda que os estudos devam ser conciliados com o trabalho, como foi na minha experiência, tente reservar aos estudos as horas nas quais você esteja mais descansado, pois isso torna sua preparação mais produtiva.

Tenha autoconfiança. Acredite em você sem perder a humildade necessária ao reconhecimento dos erros e das incompletudes. Descubra seus pontos fortes, valorizando-os, e suas fragilidades, tentando superá-las ou ao menos amenizá-las. O rendimento nos concursos não depende apenas do somatório de horas dedicadas aos estudos, mas da qualidade com a qual você as preenche.

A aprovação está sujeita mais à disciplina do que à genialidade. Não é porque você é bom em outras atividades que o torna bom em concursos. Da mesma forma, na preparação para as provas, não há desafios que não sejam contornáveis pelo esforço.

Prepare-se psicologicamente para os estudos e para a realização das provas. Entenda a abdicação como investimento e não se prenda a reprovações em concursos. A forma de encarar os desafios é tão importante quanto o esforço cotidiano de tentar superá-los.

Por fim, não deixe o formato da preparação para concursos lhe fazer esquecer que o Direito não é uma técnica, mas uma ciência; e não apenas uma ciência, mas uma ciência *social*. Tem por isso mesmo a sociedade como principal destinatário. Inserido em uma carreira jurídica, busque ser agente de transformação e de justiça social, e não apenas de reprodução das hierarquias socioeconômicas hoje (im)postas no Brasil.

Superado o desafio da aprovação, lembro agora do dia no qual decidi parar de fazer concursos, certamente um dos mais felizes de minha vida. A sensação de alívio foi indescritível!

Hoje – talvez somente hoje – sei o verdadeiro significado de uma frase a mim citada por um procurador da República com o qual estagiei: *"o direito é uma árvore com raízes amargas e frutos doces"*. A amargura em boa parte se concentra na preparação para concursos; porém tal gosto é logo superado pela docilidade do ingresso em uma carreira jurídica e, no meu caso, pelo prazer cotidiano de atender à população vulnerável.

VANESSA MACHADO

Defensora Pública Federal, Ofício Geral em Campina Grande

Meu nome é Vanessa Guimarães Machado, tenho 33 anos e sou Defensora Pública Federal.

Minha primeira aprovação em um concurso público aconteceu em 2004, quando eu cursava o 4º ano da faculdade de Direito. Um ano depois, fui nomeada técnica administrativa do MPU.

Quando tomei posse como servidora, minha ideia era permanecer pouco tempo no cargo, apenas o suficiente para ter prática jurídica. Contudo, o que eu programei para ser provisório, acabou ganhando ares de permanência. Ocupei o mesmo cargo por quase 10 anos.

O longo interregno entre minha nomeação como servidora (em 2005) e minha aprovação na Defensoria Pública da União (em 2015) foi consequência de falhas graves e recorrentes durante a fase de preparação para os vários concursos que eu fiz no período. Antes de chegar aos aspectos mais técnicos, porém, acho importante relatar alguns detalhes da minha trajetória pessoal que impactaram, diretamente, nos meus resultados.

Quando ingressei no serviço público, eu era bastante jovem, tinha um bom salário, morava com meus pais e tive a sorte de ser designada para trabalhar com a mesma chefe com quem eu havia estagiado até poucos meses antes da minha posse. Felicidade me definia.

Mesmo feliz com o trabalho que eu tinha, nunca pensei em parar de estudar. Além de querer um salário melhor e de ter uma jornada de trabalho mais flexível, eu queria assinar minhas próprias petições.

Sempre que saia um edital, eu me animava para fazer a inscrição. Fazia concursos para todos os tipos de cargo: juiz federal, juiz estadual, promotor de justiça, procurador do estado, procurador federal, e por aí vai.

O problema é que eu não queria pagar o preço para me sair bem nas provas. Eu não queria faltar aos eventos da família, não queria dizer não às amigas, não queria sacrificar meus finais de semana, não queria deixar de assistir aos meus programas favoritos. Em suma, eu queria passar sem esforço. Não aconteceu!

Em um primeiro momento, fiz vários cursos preparatórios. Assistia às aulas, anotava todas as dicas dos professores, comprava as indicações bibliográficas, mas não lia nem uma linha quando chegava em casa. No fundo, eu achava que já estava fazendo demais ao conciliar as aulas com a rígida rotina de trabalho.

Por algum tempo, não me senti pressionada a passar. Afinal, eu morava na minha cidade natal, ganhava um bom salário, gostava do que eu fazia e tinha estabilidade. Por que eu iria me preocupar tanto, não é mesmo?

Não demorou muito para que eu percebesse que pessoas que começaram a estudar depois de mim já estavam conseguindo resultados melhores. Eu achava que eles tinham descoberto alguma fórmula mágica, que tinham lido um resumo melhor que o meu ou que tinham tido mais sorte. Eu, simplesmente, não admitia que o problema estava no meu método de estudo (melhor dizendo, na minha falta de método).

Quando o sentimento de frustração aumentou, decidi mudar minha rotina. Deixei de fazer cursinho (pois as aulas tomavam muito do meu tempo), comecei a estudar os cadernos que eu tinha acumulado e a ler somente livros específicos para concursos. Pouco tempo depois, tive meu primeiro resultado positivo. Consegui aprovação na PGE/PE. Fiquei longe das vagas, é verdade, mas muito feliz por estar no cadastro de reserva de um concurso que eu considerava difícil. Ganhei um pouco de confiança, mas, infelizmente, não consegui manter o ritmo de estudos.

Aqui, meus caros, é importante que eu ressalte o quanto é penoso manter, por um longo período, a motivação e a disciplina. Quando a gente se esforça muito para uma prova, tudo que nosso corpo e nossa mente querem é descanso. Após a prova, a gente desacelera. Se eu dizia que ia tirar dois dias de "férias", acabava duas semanas sem estudar. E quando voltava, nunca estava no mesmo pique de antes. Caí nessa armadilha diversas vezes. Hoje, eu tenho uma convicção: a verdadeira recompensa pelo esforço não está no alívio imediato do pós-prova, nem mesmo na felicidade da aprovação. A recompensa é a posse. Antes disso, nem pensem em parar!

Com a aprovação na PGE/PE, fiquei bem ansiosa por um resultado positivo nas provas seguintes. Ainda não tinha maturidade para entender que cada banca examinadora tem um estilo diferente de questões; que as provas possuem peculiaridades que se adaptam ao tipo de cargo ao qual se está concorrendo e, principalmente, que é preciso estar bem, física e psicologicamente, para externar de maneira eficiente o conhecimento acumulado.

O concurso seguinte foi o de Procurador Federal, no início de 2010. Eu queria muito passar. Porém, como disse antes, meu ritmo de estudos havia caído. Eu estava consciente de que eu não tinha me esforçado o suficiente. Mesmo assim, fui participar daquela maratona desumana de provas, objetiva e subjetiva, no mesmo final de semana.

Na época, eu já vinha sentindo algumas dores atípicas, principalmente, na região cervical. Os médicos diziam que era problema postural, que eu deveria estar trabalhando e/ou estudando em posição errada. As dores me incomodavam, mas eu não dei tanta importância.

Na manhã do segundo dia de prova, minha musculatura cervical "travou". Eu senti uma dor indescritível. Doía meu rosto, meu pescoço, meus braços, minhas costas. Tentei ignorar o que estava sentindo e insisti em fazer a prova do horário vespertino. Piorei. Até hoje, não sei como consegui dirigir de volta para casa.

Depois desse episódio, passei a sofrer com contraturas musculares intensas e dolorosas. Eu sequer conseguia permanecer sentada, numa posição confortável, por mais de 40 minutos. Não parei de estudar, mas a qualidade do meu estudo foi severamente comprometida. A dor atrapalhava minha disciplina e minha concentração. Eu não conseguia estudar mais de duas horas por dia.

Daí em diante, fiquei realmente preocupada. De repente, a vitória que já era difícil, tornou-se quase impossível. Apesar de gostar do meu trabalho, eu nunca tinha imaginado que aquela seria minha atividade pelo resto da vida. Fui obrigada a reavaliar meus objetivos. Posso dizer, com sinceridade, que depois que recebi o diagnóstico de fibromialgia, pensei em desistir dos concursos. Ouvi de médicos que, se eu não respeitasse os limites do meu corpo, eu pioraria e, se eu continuasse insistindo em passar em outro concurso, gastaria todo meu salário pagando tratamentos paliativos para a doença.

Quem me conhece, sabe que sou muito obstinada. Não desisto fácil das coisas. Posso até não conseguir o que eu quero, mas nunca sem antes muito tentar. Por isso, não me rendi. Mesmo com opiniões contrárias, decidi que continuaria fazendo concursos.

Entretanto, como eu não queria amargar outras incontáveis derrotas e como eu não podia desperdiçar energia repetindo comportamentos que haviam fracassado anteriormente, tive que fazer ajustes que foram imprescindíveis para a minha aprovação.

Desde logo, admiti que aqueles exemplos maravilhosos, de aprovados que estudavam dez horas por dia, não iam me servir. Além de trabalhar sete horas corridas, eu tinha que encaixar sessões de fisioterapia, psicoterapia e acupuntura durante a semana. Consequentemente, meu tempo disponível para estudar era reduzido. Ao invés de buscar quantidade de horas de estudo, eu foquei em aumentar a qualidade do meu aprendizado. Mesmo que eu estudasse menos horas, eu tinha que tentar fixar o mesmo conteúdo dos meus concorrentes.

A decisão mais drástica foi sair da casa dos meus pais. Infelizmente, lá, eu não tinha um ambiente adequado para estudar. O quarto que eu dividia com minha irmã era muito pequeno e qualquer barulho que ela fizesse, atrapalhava minha concentração. Aluguei um apartamento e fui morar sozinha. Minha casa não tinha luxo algum, apenas o conforto básico para otimizar meu desempenho nos estudos.

Ter um local silencioso e sem distrações, ajudou-me bastante. Mas, não era suficiente. Eu precisava combater a monotonia. Experimentei vários métodos de estudo: uma matéria por semana, uma matéria por dia, várias matérias por dia. Testei estudar pela manhã, à noite ou os dois horários. Fui sentindo o que era melhor para mim. Aprendi como minha mente e meu corpo funcionavam e adaptei os estudos à minha realidade pessoal.

Como eu tinha dificuldades para dormir cedo e não sentia sono ou cansaço à noite, dei preferência a estudar nesse horário. Não raro, estudava até duas da manhã. Acordava tarde e, quando conseguia estudar antes de ir para o trabalho, dava preferência a matérias que eu assimilava mais facilmente. Lia assuntos mais fáceis nos momentos de menor concentração e vice-versa. Criei a obrigação de estudar aos finais de semana e feriados. Os livros me acompanhavam aonde eu fosse. Qualquer tempo livre, era momento de leitura, ainda que de poucos parágrafos ou linhas. Quando eu estava com dor e não aguentava ficar sentada, eu ouvia áudios ou assistia videoaulas. O importante era não perder o contato com o direito.

Após vários testes, descobri que meu rendimento melhorava quando eu variava as matérias de estudo durante o dia. Se eu lia direito previdenciário pela manhã, estudava direito penal à noite. Se algum assunto era muito longo ou maçante, dividia-o em várias partes e alternava com matérias que eu tinha prazer em estudar.

Ao adequar meu método de estudos, senti uma melhora substancial na qualidade da assimilação dos conteúdos. No entanto, eu ainda falhava num ponto chave: eu não me norteava por um único edital. Como eu fazia todos os concursos que apareciam, eu sempre priorizava aquelas matérias mais comuns. Deixava em segundo plano as matérias e assuntos específicos de cada carreira. Essas matérias eram a diferença entre mim e os aprovados (principalmente, aqueles que ficavam dentro das vagas).

Depois de várias reprovações, decidi eleger um único concurso como objetivo. A escolha foi difícil, pois havia muitos fatores a considerar: salário, afinidade com as atribuições do cargo, complexidade da prova, familiaridades com as matérias do edital, dentre outros. Um elemento foi crucial na minha decisão: as perspectivas de lotação. Eu queria um cargo que me permitisse retornar a Maceió, minha cidade natal.

Por não ter muito conhecimento dos assuntos habitualmente cobrados nos concursos estaduais, restringi minha escolha às carreiras federais. Dentre estas, optei pela carreira mais nova e que, em consequência, possuía (e ainda possui) as melhores possibilidades de lotação: a Defensoria Pública da União. Feita a escolha, direcionei toda minha energia para viabilizar a aprovação.

A primeira providência foi imprimir o regulamento do concurso e entender os critérios de avaliação. A prova dividia-se em quatro grupos de questões. Para ser classificado, o candidato deveria atingir uma pontuação mínima geral e uma pontuação mínima em cada grupo. Em concursos desse tipo, não adianta você ser muito bom somente em matérias que integrem o mesmo conjunto de questões. É preciso ter desempenho regular entre os grupos da prova. Ter uma excelente nota geral não impede que você seja desclassificado por não ter obtido a pontuação mínima em um determinado grupo de matérias.

Passei, portanto, a elaborar cronogramas que me permitiam estudar, numa mesma semana, matérias integrantes de todos os quatro grupos de questões. Não deixei de estudar nenhuma matéria (nem mesmo aquelas mais específicas, como filosofia, direito penal militar etc.). Intercalava a leitura de assuntos inéditos com a revisão de temas que eu já havia estudado. Via com maior frequência as matérias novas e aquelas que eu tinha mais dificuldade em assimilar. Não perdi tempo lendo assuntos que não estavam no regulamento, por mais importantes que parecessem.

Quando o edital foi publicado, eu já havia estudado a maior parte dele. Meu foco passou a ser a revisão dos assuntos. Em dois meses, reli praticamente tudo que eu já havia estudado. Repeti o processo no mês anterior às provas objetiva e subjetivas. Só mudei a sistemática de estudos na fase de preparação para a prova oral.

Ironicamente, a prova da DPU adotou a mesma sistemática do concurso de Procurador Federal de 2010: provas objetiva e subjetivas no mesmo final de semana. Tentei não entrar em pânico. Certifiquei-me de requerer atendimento especial durante a prova. Instruí meu requerimento com laudos médicos que recomendavam o uso de mesa e cadeira ergonômicas. Graças a

Deus, consegui concluir todas as etapas, sem episódios graves de dor.

Para ser bem sincera, tenho que admitir que o período entre a publicação do edital e a última prova, foi de muito, mas muito, sofrimento. Fiquei superansiosa, comi enlouquecidamente (ganhei cerca de 10 kg em apenas alguns meses), tive várias crises de dor. Trabalhei exausta, muitas vezes. Houve dias em que eu não consegui segurar o choro. Estava no meu limite físico e psicológico. Mas, àquela altura, algo gritava mais alto dentro de mim, mais do que qualquer adversidade: minha vontade de ser Defensora Pública Federal.

A escolha que, outrora, teve fundamentos eminentemente racionais, tornou-se uma paixão. Eu não queria mais passar em "um concurso". Eu queria passar "naquele concurso". Antes do resultado final, eu já tinha a convicção de que, caso eu não fosse aprovada, continuaria estudando para o próximo concurso da DPU.

Consegui a tão almejada aprovação e, mais importante, vi as previsões médicas falharem. Não perdi minha saúde e não gasto todo meu salário com tratamentos paliativos. Sou menos ansiosa que antes e sou extremamente realizada com meu trabalho, por mais puxado que ele seja.

Hoje, eu posso afirmar que um dos principais ingredientes da preparação para concursos, além da fé, da disciplina e de bons materiais, é a motivação. Para abdicar de tanta coisa, para aguentar longos períodos em ritmo frenético de estudos, é preciso querer muito aquela aprovação. Não achem que existe um atalho infalível para o sucesso. Ninguém passa sem estudar; nenhum estudo, sem método, é eficiente; não há eficiência sem perseverança e superação. Cada pessoa tem suas dificuldades, cada um de nós tem sua cruz, sem exceção. O que diferencia os fracos dos fortes, é que os fracos desistem diante dos obstáculos. Os fortes, contornam as barreiras e contam as histórias dos vencedores.

    Força! Torço por vocês.

    Fiquem com Deus!

ÁLVARO VERAS

Defensor Público Federal no Maranhão, exercendo as atividades no 4º Ofício Cível

Olá, sou Álvaro Veras, Defensor Público Federal, ex-Técnico Judiciário do Tribunal de Justiça do Ceará, aprovado, ainda, nos seguintes concursos: Procurador do Estado do Rio Grande do Norte (4º lugar – 2015), Procurador do Estado da Bahia (12º lugar – 2014), Procurador do Estado do Piauí (34º lugar – 2014), Defensor Público do Estado do Ceará (6º lugar – 2015), Analista Judiciário no MPU (2013). Sou colega, atualmente, da Defensora Quezia na DPU-MA. Gostaria, inclusive, de falar do orgulho em ter sido convidado por ela para dar um pequeno depoimento sobre a minha trajetória para concursos públicos. Defensora exemplar, nossa chefa da unidade, nota-se, claramente, que ela é uma das que realmente faz jus ao cargo que ocupa: com ela, os assistidos sempre têm o melhor tratamento e a melhor tese jurídica na sua defesa. Sou fã declarado dela.

A respeito da minha preparação para concursos públicos, primeiramente, acredito ser importante esclarecer que o fato de eu ter sido aprovado em vários concursos de editais distintos dá a impressão de que eu estava conciliando o estudo para todos ao mesmo tempo. Isso não é verdade. De acordo com o meu foco no momento, o concurso efetivamente que eu pretendia, eu me programava para estudar direcionado a ele.

Gostava de fazer outras provas que não estavam no meu foco para ter um conceito que acredito ser essencial à aprovação em concursos públicos: a experiência de prova.

É totalmente diferente, comparando a fazer a prova em casa, estar ali no momento, se esforçando, pensando, tentando se lembrar de tudo e vivendo o desafio. Falo isso porque cada carreira tem sua especificidade, cada edital tem suas particularidades e cada organizadora cobra de um determinado modo.

Estudar para a banca CESPE não é o mesmo que estudar para a banca FCC. É essencial que os alunos tenham isso em mente, pois em concursos públicos o estudo há de ser otimizado, direcionado, com o objetivo de aprender o maior número de conhecimentos no menor espaço de tempo.

Com relação à minha preparação para os diferentes tipos de prova, cada fase demanda uma peculiaridade distinta. Nas provas objetivas, durante a caminhada e principalmente quando esgotava o conteúdo, dava muito destaque às questões dos concursos passados. É impressionante o número de questões que se repetem. Adotava um método: em cada questão que eu aprendia um novo conceito (mesmo que eu acertasse, muitas vezes pelo fundamento errado), eu anotava em um caderno de questões objetivas. Fiz vários e vários. Na semana da prova, buscava estudá-los e conseguia acertar muitas questões por osmose.

Nas provas subjetivas, a visão já muda um pouco. Dava um maior destaque tanto à jurisprudência quanto à doutrina, pois eram matérias que cobravam com uma maior dificuldade. Anotava tudo o que aprendia nesses novos estudos e que seriam essenciais à minha aprovação. Não dava tanto destaque à letra da lei, uma vez que em quase todos os concursos que fiz era possível utilizá-la nas provas subjetivas. Era necessário, no entanto, saber bem onde cada artigo estava situado, já que não se teria muito tempo para sair procurando nas provas. Saber usar os índices remissivos do *Vade Mecum* é de grande valia.

Gostava também de resolver várias provas passadas. Tentava resolver inicialmente com base apenas em meus conhecimentos, treinando a redação, e apenas depois iria buscar a resposta efetivamente.

O concurseiro precisa ter claro isso em mente: o treino, a escrita, é absolutamente necessário para que ele logre êxito. Existem várias pessoas que tem muito conhecimento, mas tem uma dificuldade enorme para colocar isso no papel. O treino da escrita soluciona esse problema.

Nas provas orais, a situação é ainda mais distinta. .Entre os concurseiros, a prova oral é um grande mito. Com o tempo e com muito treino, vamos vendo que é possível passar por ela. Acredito que todas as pessoas que chegam nessa fase já tem um conhecimento jurídico enorme para passar, e então não será isso que irá eliminá-las. O conhecimento jurídico é, no máximo, apenas cerca de 40% da avaliação. O preparo psicológico, a postura, a capacidade de argumentação irão, indubitavelmente, ser os fatores preponderantes para a aprovação. O que acredito ser mais importante para esse fase é o treino com outros colegas que igualmente estão nessa situação ou com professores especializados em provas desse tipo.

O extrajurídico conta demais para sua aprovação. A meu ver, comete um equívoco aquele aluno que nessa fase fica apenas estudando solitariamente, sem se exercitar, seja por medo ou vergonha. Todos os que estão envolvidos nessa fase sabem o quão difícil é ser submetido a um exame oral, e definitivamente não vão julgar alguém que esteja passando por essa dificuldade. É momento, então, de conhecer novos colegas em cursos ou montando grupo de estudos e fazer novos amigos é, em minha opinião, uma das melhores coisas da vida.

Com relação a ter uma disciplina de horários fixos, sempre a mantinha. É extremamente necessário para que o concurseiro se discipline e se motive cada vez mais.

Estipulava o que tinha que estudar dentro daquele espaço de tempo de acordo com as minhas necessidades e o concurso que estava almejando. Sobre como era, variou muito de acordo com o tempo, uma vez que estagiava até o ano passado e comecei a trabalhar no serviço público esse ano, mas no tempo que fiquei como concurseiro profissional (abril de 2014 a março de 2015), gostava de acordar cedo para começar a estudar 7h da manhã. Estudava até 11h, ia fazer atividade física (seja ioga, malhar, correr), almoçava e dava um descanso. Recomendo demais aos concurseiros a prática de atividade física, uma vez que inegavelmente a endorfina será um dos grandes aliados em sua aprovação. Voltava a estudar às 14h e estudava até as 17h. Descansava de novo, voltando às 18h, e ficava até as 20h. Certas adaptações de acordo com as necessidades da vida tinham que ser realizadas, porém sempre buscava depois compensar as horas de estudo. No final de semana, também estudava, porém menos horas. É necessário que o aluno tenha em mente que mais adianta ele estudar toda semana com intervalos de descanso durante ela do que só conseguir estudar uma semana e passar várias sem estudar.

Quanto aos erros que costumamos cometer durante toda essa caminhada, eles são absolutamente normais, e fazem parte do "jogo". Cometi vários equívocos durante toda essa caminhada, mas acredito que sem eles eu não teria tido a oportunidade de chegar onde cheguei. Uma coisa eu aprendi: ninguém chega a lugar nenhum sozinho.

Os concurseiros têm que ter em mente que apenas competem com uma pessoa: eles mesmos. Ajudem, então, outros colegas que estão na sua mesma situação.

Acredito ser importante mencionar que, para chegar aos nossos objetivos, temos que fazer muitas renúncias e dizer muitos nãos. Muitos desses nãos foram, inclusive, para a minha mãe, que sempre me apoiou muito e sonhava com o dia da minha aprovação, fazendo o que fosse para que ela acontecesse.

Quanto às dificuldades que os concurseiros passam nessa época de estudos (não se enganem, é apenas uma época, pois ela irá passar, com sua aprovação), penso que uma das maiores é manter a rotina de estudar todos os dias impreterivelmente (com exceção, claro, dos que costumam descansar 1 dia por semana, perfeitamente normal). Estudar um dia, dois dias e depois parar é muito mais fácil do que você ficar meses/anos estudando arduamente. E isso que vejo na grande maioria dos que conseguiram a aprovação: ainda que por vezes a caminhada ficasse bem difícil, eles ainda assim continuavam estudando, ainda que por um menor tempo.

O que você tem que ter sempre em mente é que a desistência não pode ser uma opção.

Vai ser duro, vai ser difícil, vai ter vontade de chorar, vai ter vontade de jogar tudo para o alto e não estudar mais, mas ao final a sua aprovação há de vir, e tudo isso vai valer a pena.

Inclusive, passar por momentos de "querer desistir" e jogar tudo para o alto é quase um hábito de todo concurseiro – principalmente nos momentos dos problemas e das reprovações.

Na primeira prova, por exemplo, da AGU-Procuradoria Federal-2013, esse pensamento passou intensamente pela minha cabeça. Era o início de tudo e ainda não estava bem acostumado com essa vida. Na prova da AGU, eu tinha feito a prova objetiva no sábado à tarde e considerava que tinha ido razoavelmente bem. No domingo, quando cheguei na prova, ela já tinha começado. Inexplicavelmente, meu relógio tinha mudado 1 hora para mais: ao invés de eu ter chegado 45 min antecipadamente, tinha chegado 15 minutos atrasado. Fiquei intensamente chateado naquele momento. Foi difícil voltar a estudar com toda a dedicação, mas temos que ter a certeza de que a aprovação não virá no momento em que você quer, mas sim no momento em que ela tiver que vir. Se precisarem de ajuda nesse momento difícil, não tenham vergonha de pedir. Sempre gostava de escutar os ensinamentos (não apenas de Direito Civil, mas também de vida) do Prof. Pablo Stolze, e nunca me esqueço de um vídeo em que ele fala: "Eu não conheço um único cidadão que tenha dito: eu me arrependo por ter parado para estudar. Eu lhes garanto que, não importa o momento que venha a sua vitória, essa frase jamais saíra de sua boca".

Ademais, muitas vezes, a gente pensa que estuda apenas para nós mesmo. Isso não é verdade. Quando vocês forem aprovados no cargo que intentam ocupar, no caso, a DPU, todo o trabalho de vocês vai ser dedicado a uma camada carente da população que clama, imensamente, por um melhor tratamento.

É recompensador saber que, depois de tantos esforços, a sua aprovação e o seu exercício em um cargo público estão sendo destinados a uma causa tão nobre. É como me sinto hoje, na DPU. Por vezes, é um trabalho bem estressante, mas, ao final, imensamente recompensador, em todas as facetas possíveis. Lembrem-se disso em cada dia de estudo de sua caminhada rumo a posse no cargo de Defensor Público Federal.

Espero que esse pequeno depoimento ajude vocês na caminhada. Não tenho dúvidas de que todo este livro da grande Quezia Custódio será de imensa valia para a aprovação de vocês.

Um grande abraço!

LORENNA FALCÃO

Defensora Pública Federal no Maranhão, exercendo as atividades no 3º Ofício Cível

Quando se inicia o curso de direito, duas possibilidades são apresentadas, cada uma com as suas peculiaridades: a iniciativa particular ou o concurso público.

Apesar de ter pensado inicialmente na advocacia, na metade do curso já havia decidido que faria concursos públicos, em razão da estabilidade que o cargo público proporciona.

No oitavo período, fui aprovada para analista processual no concurso do Ministério Público da União de 2010. Confesso que acreditei sinceramente que seria chamada, mesmo sem ter obtido uma boa classificação.

Qual o tamanho da minha decepção com o contingenciamento orçamentário e a impossibilidade de nomeação? Gigantesca. Entristeci-me, revoltei-me com a vida pelas oportunidades perdidas, mas continuei estudando.

Foi o caminho que escolhi para mim, deveria honrá-lo.

Depois da formatura, quando você deixa de ser uma promessa para se tornar um profissional, parece que o peso do mundo desaba nas suas costas.

Meus pais que me sustentavam nunca cobraram nada de mim, mas a cada reprovação ou aprovação fora do número de vagas, podia perceber certo desânimo. TRT-SE, TSE, TRE-SP, TJ-MA todas as aprovações com convocações que não me alcançavam.

Em 2013, com um ano de formada, decidi fazer os concursos que surgissem para o Distrito Federal. Além de adorar Brasília, meu coração/noivo estava lá. Tentei inicialmente o

CNJ. Nunca gostei tanto de uma prova objetiva: simplesmente tinha certeza de mais de 75% das respostas. Mas a surpresa estava reservada para a prova discursiva: não fazia ideia de como responder a questão de administrativo. Fiquei tão desolada com aquilo que desisti da prova objetiva, nem entreguei o gabarito, fui embora com lágrimas nos olhos.

Após, dediquei-me ao TJDFT. Sai da prova sentindo que tinha ido bem. Quando saiu o gabarito preliminar tive certeza: fui muito bem! Mas a discursiva estava a me atormentar, qual seria a resposta que o CESPE consideraria como correta? Discussões homéricas eram travadas no Correioweb, o que só angustiava meu coração. Até a divulgação do resultado, sofri muito, muito mesmo. Contudo, posteriormente veio a recompensa: passei dentro do número de vagas e fui nomeada já na primeira leva.

O dia 26 de agosto de 2013, dia da posse, sempre será inesquecível: a concretização de um sonho. Todos os dias agradeço a Deus por aquele momento, mudou a minha história e da minha família.

Algum tempo depois, apesar de amar o TJDFT, decidi fazer outros concursos e alçar novos voos. Fiz o concurso da Defensoria Pública da União em 2015, sendo aprovada juntamente com minha querida amiga de infância, autora deste livro, Quezia Custódio, e cá estou, sendo extremamente feliz no ofício: é gratificante ajudar quem mais precisa, sendo instrumento para levar a pretensão do hipossuficiente ao conhecimento do Poder Judiciário e concretizando seus direitos.

Com toda certeza, todas as horas de estudo e dedicação, intervaladas por momento de angústia pelo porvir, valeram muito a pena e foram eficientes para moldar minha experiência profissional e caráter. Pensar em desistir poderia até acontecer, mas nunca se realizar, porque concretizar seu sonho não tem preço.

Para finalizar esse pequeno texto, deixo algumas dicas que foram muito importantes na minha preparação: estude muita jurisprudência e resolva o máximo de questões possíveis. Assim, estarás preparado para participar com êxito da primeira fase.

Nas etapas subsequentes, o estudo da jurisprudência deve ser agregado à doutrina de preferência da banca, sendo essencial conhecer seu examinador. Por fim, tenha fé: seu momento irá chegar, será esplêndido e olhar por todos os caminhos que atravessou será uma experiência incrivelmente agradável e proveitosa.

MANOELA LAMENHA

Defensora Pública Federal, Ofício Previdenciário de Belém/PA

Em 2007, quando entrei na faculdade de Direito da Universidade Federal de Alagoas, já tinha em mente a ideia de trabalhar para poder ter alguma renda para sustentar meus estudos. Como ainda não podia estagiar, busquei informações sobre concursos que exigissem apenas ensino médio e realizei, já em 2008, no segundo ano da faculdade, dois concursos para o cargo de técnico judiciário (TRF da 5ª Região e TRT da 19ª Região). Embora não tenha obtido êxito na aprovação, gostei da experiência, pois comecei a me aprofundar em matérias que ainda não estavam sendo lecionadas na faculdade e percebi que realmente gostava do curso que havia escolhido.

Em julho de 2010, quando eu iria iniciar o oitavo período da faculdade, foi publicado o edital para provimento de diversos cargos do MPU e foi quando eu tive a real oportunidade de estudar direcionada para um concurso. Tirei férias do estágio, estava de férias da faculdade, me matriculei num cursinho direcionado ao concurso e consegui, até a realização da prova (setembro de 2010), estudar todos os pontos do edital.

Obtive, então, êxito na aprovação para o cargo de analista processual, o qual tanto almejava. Entretanto, como a nomeação se deu ainda no ano de 2010, eu não pude tomar posse por ainda estar no 8º período do curso, enquanto que o cargo exigia o ensino superior completo na área jurídica. Essa foi, com certeza, uma das maiores frustrações na "caminhada" dos concursos, já que eu tinha o receio de não ter uma nova oportunidade de trabalhar numa área de minha afinidade.

Após alguns meses sem estudos, me inscrevi para o concurso de analista judiciário do TRF da 1ª Região, realizando a prova no início de 2011, sem obter nota suficiente para aprovação dentro das vagas. Voltei, então, a estudar com mais dedicação e realizei o concurso do TRT da 20ª Região e, novamente, não consegui aprovação dentro das vagas.

Saiu, então, o edital para o concurso do Tribunal Regional Eleitoral de Pernambuco, cuja prova seria realizada em dezembro de 2011. Me dediquei, então, intensamente aos estudos da matéria do edital. Inclusive, me matriculei num cursinho que, aos domingos, tinha aulas somente de Direito Eleitoral. Em janeiro de 2012, cinco dias após minha colação de grau, veio a recompensa: fui aprovada para o cargo de analista judiciária.

Em maio de 2012, iniciei meus trabalhos no TRE de Pernambuco. Embora bastante feliz com a realização do sonho de ocupar um cargo público logo após o fim da faculdade, iniciaram outras dificuldades. Mudei-me de minha terra natal, Maceió, para o interior de Pernambuco. Seria a primeira vez em que eu saia da casa de meus pais. Além dessa novidade, percebi que não me identificava tanto com o trabalho na Justiça Eleitoral e percebi que não teria, ao menos naquele ano, tempo suficiente para me dedicar aos estudos nas áreas de minha afinidade, já que, no ano de eleição, a Justiça Eleitoral funciona em horário estendido, inclusive nos finais de semana e feriados.

Em fevereiro de 2013, após passar por algumas dificuldades de adaptação, resolvi pedir exoneração para me dedicar somente aos estudos temporariamente. A escolha não foi fácil, mas eu ponderei que não ficaria feliz a longo prazo e resolvi estudar para uma área de minha preferência.

Quanto a essa minha decisão, fica a dica para quem estuda para certames. Não adianta somente estudar "para concursos". O importante é escolher a carreira que você realmente quer seguir, na qual você se sente relevante e útil, para evitar eventuais frustrações após aprovação.

Para minha sorte, ainda em fevereiro de 2013, fui nomeada para o cargo de analista jurídica do Ministério Público do Estado de Alagoas e tomei posse em abril de 2013. Foi quando eu percebi que, para mim, trabalhar e estudar rendia muito mais do que somente estudar. Principalmente, porque estava tendo a oportunidade de trabalhar colocando em prática os conhecimentos jurídicos, redigindo minutas de peças, o que já era uma experiência para as provas discursivas que viriam pela frente.

Assim que eu comecei a trabalhar no Ministério Público Estadual, para minha surpresa, saiu o edital para o Ministério Público da União, o mesmo concurso para o qual eu tanto havia estudado em 2010. Embora a dedicação, nessa nova fase, não tinha sido a mesma de 2010, percebi que a bagagem de estudos já estava comigo e que revisar os assuntos já estudados era bem mais tranquilo do que aprendê-los pela primeira vez.

Então, fui aprovada para o tão sonhado cargo de analista processual e passei a trabalhar no Ministério Público Federal em Arapiraca, interior de Alagoas. Novamente, saí da casa dos meus, passei a morar sozinha e tive de enfrentar essa fase de adaptação, em agosto de 2013. Entretanto, ao contrário da primeira vez, agora eu estava trabalhando com matérias de minha afinidade e no órgão que eu sempre quis trabalhar. Assim, embora tenha tido de enfrentar a fase de mudanças, as atividades exercidas somente contribuíam para os meus estudos.

Em novembro de 2014, saiu o edital para o 28º Concurso para Procurador da República. Nesse mesmo mês, saiu o edital do 5º Concurso para Defensor Público Federal.

Obtive a aprovação tanto no MPF, quanto na DPU. Foram duas aprovações, no mesmo ano, nos dois concursos para cargos nos quais eu me visualizava e pelos quais eu tinha tanta admiração!

A prova da DPU abrangia a prova objetiva e as provas subjetivas, todas realizadas num final de semana. Foram dois dias bastante cansativos, o que é exigia boas noites de sono, descanso e boa alimentação.

Apesar das dificuldades enfrentadas nessa etapa inicial, não tenho dúvidas de que a fase mais difícil foi a oral. Do resultado dos aprovados para a oral até a realização da prova, havia em torno de 4 semanas apenas. Então, tirei uma semana de férias do trabalho, foquei nas matérias nas quais eu tinha encontrado mais dificuldade nas fases anteriores (Previdenciário, Trabalho e Processo do Trabalho) e me matriculei num curso específico para a prova oral da DPU. Esse curso foi essencial para a minha aprovação. Eu nunca havia realizado uma prova oral de concurso público e poder simular aquele ambiente tenso de prova, com certeza, mostrou-me que não era do outro mundo e que era possível. Durante o curso, conheci colegas na mesma situação, com os mesmos medos e com os quais eu pude treinar para a prova. Buscamos apoio uns nos outros, ajudando com resumos e simulações. E essa ajuda mútua contribuiu para a aprovação de todos os colegas com os quais treinei nessa fase final!

O ano de 2015 foi bastante intenso. Diversas fases, de diversas provas. A cada fase, eu desconfiava se seria possível mais uma superação. E era possível sim.

Em setembro de 2015, tomei posse no cargo de Defensora Pública Federal e foi um dos momentos mais emocionantes e gratificantes da minha vida. Não pelo "passar em concurso" em si, mas sim por perceber a contribuição que eu poderia dar à sociedade por meio do meu trabalho.

Diante de tudo isso, o que eu posso dizer a vocês é que a estrada não é linear. Surpresas (boas e ruins) acontecem. Pensamos em desistir. É cansativo, é desgastante. Mas, se tivermos convicção de que determinado trabalho é aquele que queremos exercer pelo resto (ou por boa parte) de nossa vida, a "trilha do concurso" se revela menos sacrificante e apenas como o meio necessário para atingirmos o nosso objetivo final.

MENSAGEM FINAL

Assim como iniciar este livro, terminá-lo também não se mostrou uma tarefa muito fácil. Isso porque, ao longo de todo o texto, fiquei me perguntando se o que estava passando seria relevante, o que estaria faltando.

Por fim, percebi que o mais importante era tentar esmiuçar, ao máximo, as experiências adquiridas e torcer para que o livro fosse útil na preparação para a Defensoria Pública da União.

Sempre fui sincera ao demonstrar que o caminho de concursos não é uma rota fácil e muitas vezes é uma via dolorosa, mas vale a pena ser trilhado.

Uma frase de Augusto Cury reflete bem essa constatação, quando esposa que:

"Você pode ter defeitos, ser ansioso, e viver alguma vez irritado, mas não esqueça que a sua vida é a maior empresa do mundo. Só você pode impedir que vá em declínio. Muitos lhe apreciam, lhe admiram e o amam. Gostaria que lembrasse que ser feliz não é ter um céu sem tempestade, uma estrada sem acidentes, trabalho sem cansaço, relações sem decepções. Ser feliz é achar a força no perdão, esperança nas batalhas, segurança no palco do medo, amor na discórdia. Ser feliz não é só apreciar o sorriso, mas também refletir sobre a tristeza. Não é só celebrar os sucessos, mas aprender lições dos fracassos. Não é só sentir-se feliz com os aplausos, mas ser feliz no anonimato. Ser feliz é reconhecer que vale a pena viver a vida, apesar de todos os desafios, incompreensões, períodos de crise. Ser feliz não é uma fatalidade do destino, mas uma conquista para aqueles que conseguem viajar para dentro de si mesmo. Ser feliz é parar de sentir-se vítima dos problemas e se tornar o autor da própria história. É atravessar desertos fora de si, mas conseguir achar um oásis no fundo da nossa alma. É agradecer a Deus por cada manhã pelo milagre da vida. Ser feliz não é ter medo dos próprios sentimentos. É saber falar de si. É ter coragem de ouvir um 'não'. É sentir-se seguro ao receber uma crítica, mesmo que injusta. É beijar os filhos, mimar os pais, viver momentos poéticos com os amigos, mesmo quando nos magoam. Ser feliz é deixar viver a criatura que vive em cada um de nós, livre, alegre e simples. É ter a maturidade para poder dizer 'errei'. É ter coragem de dizer: 'perdão'. É ter a sensibilidade para dizer: 'eu preciso de você'. É ter a capacidade de dizer: 'te amo'. Que a tua vida se torne um jardim de oportunidades para ser feliz [...]. Que nas suas primaveras seja amante da alegria. Que nos seus invernos seja amante da sabedoria. E que quando errar, recomece tudo do início. Pois somente assim será apaixonado pela vida. Descobrirá que ser feliz não é ter uma vida perfeita. Mas usar as lágrimas para irrigar a tolerância. Utilizar as perdas para treinar a paciência. Usar os erros para esculpir a serenidade. Utilizar a dor para lapidar o prazer. Utilizar os obstáculos para abrir janelas de inteligência. Jamais desista de si mesmo. Jamais renuncie às pessoas que ama. Jamais desista de ser feliz, pois a vida é um espetáculo imperdível, ainda que se apresentem dezenas de fatores a demonstrarem o contrário".[2]

O que vale de toda a jornada trilhada é o aprendizado.

Se errou uma vez, tente novamente até conseguir que os seus objetivos sejam alcançados.

Nunca desista, muito menos no primeiro tropeço.

Siga o exemplo e a persistência de Michael Jordan, o qual disse que:

---

2. CURY, Augusto. Dez leis para ser feliz. Rio de Janeiro: Sextante, 2003, p. 33.

"Errei mais de 9.000 cestas e perdi quase 300 jogos. Em 26 diferentes finais de partidas fui encarregado de jogar a bola que venceria o jogo [...] e falhei. Eu tenho uma história repleta de falhas e fracassos em minha vida. E é exatamente por isso que sou um sucesso".[3]

Os erros nos tornam mais fortes e mais cientes de nossas próprias limitações, cabe a cada um de nós decidir se vai persistir no equívoco ou se vai adotar alguma atitude para contornar as falhas.

Recomendo a segunda opção.

Sei que há momentos drásticos, em que desistir se torna uma alternativa atraente, mas não se deixe seduzir por essa falsa ideia de conforto, continue na luta, pois somente com a manutenção da consciência de que o alvo pode ser atingido é que todo o esforço vale a pena.

No início dos meus estudos para concursos públicos, questionava-me muito se essa seria a melhor escolha, o que eu teria que enfrentar para conseguir a aprovação, quanto tempo poderia ser despendido nessa rotina árdua.

Cheguei a conclusão de que, mesmo sendo extenuante, tudo valeu a pena.

Tenha algo em mente, não importa o tempo que você precise despender, quando você consegue ver o seu nome na lista de aprovados, pode ter certeza de uma coisa: todos os questionamentos desaparecem.

A carreira da Defensoria Pública da União é fantástica, nela pude ter experiências incríveis e, com certeza, tornei-me uma pessoa melhor do que antes.

---

3. JORDAN, Michael. Pensador. Disponível em: http://pensador.uol.com.br/frase/NDYzMDg4/. Acesso em 23 de junho de 2016.

Para atingir um patamar mais alto é necessária a preparação para as intempéries, contudo, o esforço é apenas uma lapidação para o verdadeiro profissional que você precisa ser.

Esse cargo exige uma dedicação extremada porque as querelas cotidianas são surpreendentes, peculiares e exigem um profissional qualificado para lidar com as circunstâncias da vida de outras pessoas, que dependem dos serviços institucionais para o alcance de verdadeiro acesso à justiça.

Posso dizer que não me arrependo de nenhum passo dado.

Assim: *"Se chamares experiências às tuas dificuldades e recordares que cada experiência te ajuda a amadurecer, vais crescer vigoroso e feliz, não importa quão adversas pareçam as circunstâncias"*[4].

É certo que houve vários dias de choro, muitos outros de alegria, datas em que precisei de ombros amigos e períodos em que os colegas ajudaram a celebrar a minha vitória.

Foram diversos ciclos, mas o que aprendi é que as pessoas que você ama e que o amam estarão sempre presentes em sua vida, não importa as dificuldades. E o apoio delas é fundamental e faz toda a diferença.

O que ficou guardado foram todas as pessoas maravilhosas que pude conhecer e compartilhar a minha vida e também ouvir a cada uma delas.

São pequenos detalhes que fazem com que toda a jornada tenha um propósito.

E, sem dúvida alguma, o que quero que acima de tudo fique registrado é que se há a certeza de que o cargo de Defen-

---

4. MILLER, Henry. Vigoroso e Feliz. Disponível em: http://www.mensagens-comamor.com/mensagem/123325. Acesso em 23 de junho de 2016.

sor Público Federal é o objetivo de sua vida, não deixe que os percalços do caminho o impeçam de atingir o seu sonho.

LEMBRE-SE: *"Se você pode sonhar, você pode fazer"*[5].

Além disso, pior do que o sacrifício da luta é a apatia de sequer ter tentado ou desistido na primeira das oportunidades.

"Daqui há 20 anos, você estará mais decepcionado pelas coisas que não fez, do que pelo que fez. Então, jogue fora suas amarras, navegue para longe do porto seguro, pegue o vento em suas velas. Explore, sonhe, descubra"[6].

Tenha foco.

Saiba aceitar as derrotas, mas não se conforme com elas.

Caminhe em direção da vitória e ela será a sua companheira cotidiana.

Não se deixe abater, se não deu certo hoje, quer dizer que não era a sua oportunidade nesse instante, mas o seu dia não tardará a vir.

"A persistência é o menor caminho do êxito"[7].

---

5. DISNEY, WALT. Disponível em: http://www.frasesdahora.com/se-voce-pode-sonhar-voce-pode.html. Acesso em 23 de junho de 2016.

6. TWAIN, Mark. 99 frases motivacionais de empreendedores de sucesso. Disponível em: http://www.agendor.com.br/blog/frases-motivacionais-de-empreendedores-de-sucesso/. Acesso em 23 de junho de 2016.

7. CHAPLIN, Charles. Disponível em: https://www.google.com.br/search?q=frases+charles+chaplin&biw=1366&bih=667&tbm=isch&imgil=0OjC_sfrQ4eXeM%253A%253BGFY6nizF2r7VsM%253Bhttps%25253A%25252F%25252Fwww.youtube.com%25252Fwatch%-25253Fv%2525253DAClwylU5dnQ&source=iu&pf=m&fir=0OjC_sfrQ4eXeM%253A%252CGFY6nizF2r7VsM%252C_&usg=__l9E8womlyVCbkT8JilQeQPo7o5E%3D&ved=0ahUKEwjYvOacyr_NAhWEOyYKHUvbBrM-QyjcIJw&ei=_JVsV9jOFIT3mAHLtpuYCw#tbm=isch&tbs=rimg%3ACdDowv7H60OHIjg8or7jPkCjUwmNgkx1aV-flZuAyxaoe7mBpYbCH876HHnZ8l-3qBH-3n7PWmUawlawXyNxLs-C6ESoSCTyivuM-QKNTEZ7G3b7crqZkKhI-JCY2CTHVpX58Rw_1T9YwRXIS0qEgkhm4DLFqh7uRHcPoHgO1qZRSoSCY-

Acredite no seu potencial.

Não tenha medo do trabalho duro, atue de maneira ética e procure planejar e agir para se tornar aquilo que desejas.

Por fim, o mais importante em trilhar uma jornada é saber onde se quer chegar, a partir disso, todo o resto consegue se amoldar a esse objetivo.

Assim, se fazer parte da Defensoria Pública da União é algo que o motiva, vá adiante, persiga essa carreira, prepare-se e seja bem-sucedido.

GlhsIfzvocEanVZMAxFdy3KhIJednyXeoEf7cRt_1tO7yGRQ_1UqEgm-fs9aZRrCVrBGi8mNX90bWvioSCRfl3Euz4LoRETwk9guv4-fK&q=frases%20charles%20chaplin&imgrc=xjJAG6jhY9ZMHM%3A. Acesso em 23 de junho de 2016.

ROTEIRO DOS LIVROS

ABPR. Medo de falar em público é maior do que o da morte para 41% das pessoas, diz pesquisa. Disponível em: http://www.abrh-pr.org.br/medo-de-falar-em-publico-e-maior-que-o-da-morte-para-41-das-pessoas-diz-pesquisa/.

ALEXANDRINO, Marcelo; PAULO, Vicente. Direito Administrativo Descomplicado. 23ª ed, rev. e atual. e ampl. São Paulo: Editora Método, 2015.

AMADO, Frederico. Coleção Sinopses para Concursos: Direito Previdenciário. 7ª ed. Salvador: Juspodivm, 2016.

ANDRADE, Adriano; ANDRADE, Lindolfo; MASSON, Cleber. Interesses Difusos e Coletivos Esquematizado. 6ª ed. São Paulo: Editora Método, 2016.

ARISTÓTELES, Coleção os Pensadores: Ética a Nicômaco. Nova Cultural: São Paulo, 1991.

BALBOA, Rocky. Pensador. Disponível em: pensador.uol.com.br/autor/rocky_balboa/.

BALTAZAR JUNIOR, José Paulo. Crimes Federais. 9º ed. Editora Saraiva: São Paulo, 2014.

BRANCO, Paulo Gustavo Gonet; COELHO, Inocêncio Mártires; MENDES, Gilmar. Curso de Direito Constitucional. 11ª ed. São Paulo: Editora Saraiva, 2016.

CAIRO JR., José. Curso de Direito Processual do Trabalho. 9ª ed. Salvador: Juspodivm, 2016.

CAMÕES, Luís Vaz de. Sonetos. Porto Alegre: L & PM, 1998.

CAVALCANTE, Márcio André Lopes. Informativos. Disponível em: www.dizerodireito.com.br.

CAVALCANTE, Márcio André Lopes. Principais Julgados do STF e STJ Comentados-2015. Manaus: Editora Dizer o Direito, 2016.

CHAPLIN, Charles. Disponível em: https://www.google.com.br/search?q=frases+charles+chaplin&biw=1366&bih=667&tbm=isch&imgil=0OjC_sfrQ4eXeM%253A%253BGFY6nizF2r7VsM%253Bhttps%25253A%25252F%25252Fwww.youtube.com%25252Fwatch%25253Fv%2525253DAClwylU5dnQ&source=iu&pf=m&fir=0OjC_sfrQ4eXeM%253A%252CGFY6nizF2r7VsM%252C_&usg=__l9E8womlyVCbkT8JiIQeQPo7o5E%3D&ved=0ahUKEwjYvOacyr_NAhWEOyYKHUvbBrMQyjcIJw&ei=_JVsV9jOFIT3mAHLtpuYCw#tbm=isch&tbs=rimg%3ACdDowv7H60OHIjg8or7jPkCjUwmNgkx1aV-fIZuAyxaoe7mBpYb-CH876HHnZ8l3qBH-3n7PWmUawlawXyNxLs-C6ESoSC-TyivuM-QKNTEZ7G3b7crqZkKhIJCY2CTHVpX58Rw_1T9YwRXIS0qEgkhm4DLFqh7uRHcPoHgO1qZRSoSCY-GlhsIfzvocEanVZMAxFdy3KhIJednyXeoEf7cRt_1tO7y-GRQ_1UqEgmfs9aZRrCVrBGi8mNX90bWvioSCRfI3Euz4LoRETwk9guv4-fK&q=frases%20charles%20chaplin&imgrc=xjJAG6jhY9ZMHM%3A.

CHURCHILL, Winston. Disponível em: http://pensador.uol.com.br/energia_positiva_e_negativa/.

CUNHA, Rogério Sanches. Manual de Direito Penal: parte geral, arts. 1 ao 120. 4º ed. Salvador: Juspodivm, 2016.

CURY, Augusto. Dez leis para ser feliz. Rio de Janeiro: Sextante, 2003.

DI PIETRO, Maria Sylvia Zanella. Direito Administrativo. 29ª ed. Rio de Janeiro: Forense, 2016.

DIAS, Ricardo Resende. Direito do Trabalho Esquematizado. 6ª ed. São Paulo: Método, 2016.

DIDIER JR., Fredie. *Curso de Direito Processual Civil.* V. II. 6ª ed. Salvador: JusPodivm, 2011.

DISNEY, WALT. Disponível em: http://www.frasesdahora.com/se-voce-pode-sonhar-voce-pode.html.

DOUGLAS, William. Mantras dos Concursos. Disponível em: http://williamdouglas.com.br/mantras-dos-concursos/.

EDSON, Thomas. Pensador. Disponível em: http://pensador.uol.com.br/autor/thomas_edison/. Arquivo: 17 de maio de 2016.

Eclesiastes 3, versículo 1. Bíblia Sagrada Online. Disponível em: https://www.bibliaonline.com.br/acf/ec/3.

Gálatas 6, versículo 9. Bíblia Sagrada Online. Disponível em: https://www.bibliaonline.com.br/acf/ec/3.

GARCIA, Wander. Como passar: concursos de defensoria. Editora Foco Jurídico. Campinas: São Paulo, 2012.

GONÇALVES, Marcus Vinicius Rios. Direito Processual Civil Esquematizado. 7ªed. São Paulo: Saraiva, 2016.

GOUVEIA, MILA. Informativos em Frases. 2ª ed. Salvador: Juspodivm, 2016.

JORDAN, Michael. Pensador. Disponível em: http://pensador.uol.com.br/frase/NDYzMDg4/.

LENZA, Pedro. Direito Constitucional Esquematizado. 19ª ed. São Paulo: Editora Saraiva, 2015.

MASSON, CLEBER. Direito Penal Esquematizado: Parte Geral. Editora Método, São Paulo: 2015.

MEDEIROS, Leonardo Garcia de. Leis Especiais para Concursos: Direito do Consumidor. 10ªed. Salvador: Juspodivm, 2016.

MILLER, Henry. Vigoroso e Feliz. Disponível em: http://www.mensagenscomamor.com/mensagem/123325.

NÓBREGA, Kleber. A diferença entre objetivo e meta - parte 1. Disponível em: https://klebernobrega.com/2012/07/16/a-diferenca-entre-objetivos-e-metas/.

PAIVA, Caio; HEEMANN, Thimotie Aragon. Jurisprudência Internacional de Direitos Humanos. Manaus: Editora Dizer o Direito, 2015.

PORTELA, Paulo Henrique Gonçalves. Direito Internacional Público e Privado. 8ª ed. Salvador: Juspodivm, 2016.

QUEEN. We are the champions. Disponível em: https://www.vagalume.com.br/queen/we-are-the-champions.html.

RAMOS, André de Carvalho. Curso de Direitos Humanos. 2ª ed. São Paulo: Saraiva, 2015.

REIS, Alexandre Cebrian Araújo; GONÇALVES, Victor Eduardo Rios. Direito Processual Penal Esquematizado. 5ª ed. São Paulo: Saraiva, 2016.

SABINO, Fernando. Pensador. Disponível em: http://pensador.uol.com.br/frase/MTQxNDQ2/.

SAVARIS, José Antônio. Direito Processual Previdenciário. 6º ed. Curitiba: Editora Alteridade, 2016.

SHARAPOVA, Maria. Maria Sharapova quotes about hard work. Disponível em: http://www.azquotes.com/author/13404-Maria_Sharapova/tag/hard-work.

SICHES, Luis Recasén. Experiencia jurídica, naturaliza de la cosa y Logica Razonable. Mexico: Fundo da Cultura Económica- Unversidad Nacional Autonoma de Mexico, 1971.

SILVA, Franklyn Roger Alves; ESTEVES, Diogo. Princípios Institucionais da Defensoria Pública. Rio de Janeiro: Forense, 2013.

STF. Reclamação 4374. Disponível em: http://stf.jusbrasil.com.br/jurisprudencia/24806757/reclamacao-rcl-4374-pe-stf.

TANIGUCHI, Masaharu. Mundo dos Pensamentos. Disponível em: http://www.mundodospensamentos.com.br/autor.php?id=Masaharu%20Taniguchi. Acesso em 25 de maio de 2016.

TARTUCE, Flávio. Manual de Direito Civil. 6ª ed. São Paulo: Método, 2016.

TÁVORA, Nestor; ALENCAR, Rosmar Rodrigues. Curso de Direito Processual Penal. 11ª ed. Salvador: Juspodivm, 2016.

TUTU, Desmond. Não levante a sua voz, melhore seus argumentos.- Desmond Tutu. Disponível em: http://www.filosofiahoje.com/2012/10/nao-levante-sua-voz-melhore-os-seus.html.

TWAIN, Mark. 99 frases motivacionais de empreendedores de sucesso. Disponível em: http://www.agendor.com.br/blog/frases-motivacionais-de-empreendedores-de-sucesso/.

ANEXOS

CRONOGRAMA I

	SEGUNDA	TERÇA	QUARTA	QUINTA	SEXTA
19:00 às 20:00	CONSTITUCIONAL	PENAL	ADMINISTRATIVO	CIVIL	PREVIDENCIÁRIO
20:00 às 21:00	CONSTITUCIONAL	PENAL	ADMINISTRATIVO	CIVIL	PREVIDENCIÁRIO
21:00h às 22:00h	TRIBUTÁRIO	ECA	DIFUSOS E COLETIVOS	CONSUMIDOR	TRIBUTÁRIO
22:00h às 23:00h	PROCESSO PENAL	CONSUMIDOR	PROCESSO CIVIL	HUMANOS	DIFUSOS E COLETIVOS
23:00h às 0:00h	PROCESSO PENAL	PRINCÍPIOS	PROCESSO CIVIL	HUMANOS	CONSUMIDOR
00:00 às 01:00	ELEITORAL	TRABALHO	PROCESSO DO TRABALHO	PRINCÍPIOS	CONSUMIDOR

	SÁBADO	DOMINGO
07:00 às 12h	CONSTITUCIONAL TRIBUTÁRIO PROCESSO PENAL PENAL ECA	
13h:30 às 18h30	CONSUMIDOR PRINCÍPIOS ADMINISTRATIVO PROCESSO CIVIL CIVIL	HUMANOS DIFUSOS E COLETIVOS PREVIDENCIÁRIO CONSTITUCIONAL TRABALHO

CRONOGRAMA II

	SEGUNDA	TERÇA	QUARTA	QUINTA	SEXTA
19:00 às 20:00	CONSTITUCIONAL	PENAL	ADMINISTRATIVO	CIVIL	PREVIDENCIÁRIO
20:00 às 21:00	CONSTITUCIONAL	PENAL	ADMINISTRATIVO	CIVIL	PREVIDENCIÁRIO
21:00 às 21:10	Intervalo	Intervalo	Intervalo	Intervalo	Intervalo
21:10h às 22:10h	QUESTÕES OBJETIVAS	JURIS STJ	DIFUSOS E COLETIVOS	JURIS STF	QUESTOES DISCURSIVAS
22:10h às 22:20h	Intervalo	Intervalo	Intervalo	Intervalo	Intervalo
22:20h às 23:20h	PROCESSO PENAL	CONSUMIDOR	PROCESSO CIVIL	HUMANOS	TRIBUTÁRIO

	SEGUNDA	TERÇA	QUARTA	QUINTA	SEXTA
23:20h às 00:20h	PROCESSO PENAL	PRINCÍPIOS	PROCESSO CIVIL	HUMANOS	CONSUMIDOR
00:20 às 01:20	DIFUSOS E COLETIVOS	SÚMULAS STJ	SÚMULAS TNU	SÚMULAS STJ	JORNADAS CJF

	SÁBADO	DOMINGO
07:00 às 9h	CONSTITUCIONAL	
9:00 às 9h10	Intervalo	
9:10h às 10:10h	PRINCÍPIOS	
10:10h às 10:20h	Intervalo	
10:20h às 12:20h	PENAL	
13:30h às 15:30h	PROCESSO CIVIL	PROCESSO PENAL
15:30h às 15:40h	Intervalo	Intervalo
15:40h às 16:40h	CONSUMIDOR	HUMANOS
16:40h às 16:50h	Intervalo	Intervalo
16:50h às 18:50h	CIVIL	PREVIDENCIÁRIO

ANEXO III

Modelo para quem dispõe de um dia completo para estudos

	SEGUNDA	TERÇA	QUARTA	QUINTA	SEXTA
08:00 às 10:00h	CONSTITUCIONAL	PENAL	ADMINISTRATIVO	CIVIL	PENAL
10:00 às 10h10	Intervalo	Intervalo	Intervalo	Intervalo	Intervalo
10:10h às 12:00h	INFORMATIVO STJ	INFORMATIVO STJ	INFORMATIVO STF	INFORMATIVO STF	PENAL
12h às 13:30h	Intervalo	Intervalo	Intervalo	Intervalo	Intervalo
13:30h às 18:00h	CONSTITUCIONAL	PENAL	ADMINISTRATIVO	CIVIL	PENAL

	SEGUNDA	TERÇA	QUARTA	QUINTA	SEXTA
18:00h às 20:00h	Intervalo	Intervalo	Intervalo	Intervalo	
20h às 22h	RESPONDER QUESTÕES	RESPONDER QUESTÕES	RESPONDER QUESTÕES	RESPONDER QUESTÕES	

	SÁBADO	DOMINGO
08:30 às 10h:30	CONSTITUCIONAL	RESPONDER QUESTÕES
10h:30 às 10h40	Intervalo	Intervalo
10h:40 às 12h	CONSTITUCIONAL	RESPONDER QUESTÕES
12h às 13h:30	Intervalo	Intervalo
13:30h às 16:30h	CIVIL	RESPONDER QUESTÕES

Modelo para quem dispõe apenas do período noturno

	SEGUNDA	TERÇA	QUARTA	QUINTA	SEXTA
18:00 às 20:00h	CONSTITUCIONAL	PENAL	ADMINISTRATIVO	CIVIL	PENAL
20:00 às 20h10	Intervalo	Intervalo	Intervalo	Intervalo	Intervalo
20:10h às 21:00h	DA DEC INFORMATIVO STJ	INFORMATIVO STJ	STF INFORMATIVO STF	INFORMATIVO INFORMATIVO STF STF	PENAL
21:00h às 21:10h	Intervalo	Intervalo	Intervalo	Intervalo	Intervalo

	SEGUNDA	TERÇA	QUARTA	QUINTA	SEXTA
21:10h às 23:10h	CONSTITUCIONAL	PENAL	ADMINISTRATIVO	INFORMATIVO S CIVIL TF	PENAL
23:10h às 23:20h	Intervalo	Intervalo	Intervalo	Intervalo	
23:20h às 00:00h	RESPONDER QUESTÕES	RESPONDER QUESTÕES	RESPONDER QUESTÕES	RESPONDER QUESTÕES	

Horário	SÁBADO	DOMINGO
08:30 às 10h:30	CONSTITUCIONAL	RESPONDER QUESTÕES
10h:30 às 10h40	Intervalo	Intervalo
10h:40 às 12h	CONSTITUCIONAL	RESPONDER QUESTÕES
12h às 13:30h	Intervalo	Intervalo
13:30h às 16:30h	CIVIL	RESPONDER QUESTÕES
16:30 às 16:40h	Intervalo	
16:40 às 18:30h	ADMINISTRATIVO	
18:30 às 19:00	Intervalo	
19:00 às 21:00	PENAL	

ANEXO IV[1]

ERRO DE TIPO	ERRO DE PROIBIÇÃO
É a falsa percepção da realidade acerca dos elementos constitutivos do tipo penal. É o que incide sobre elementares e circunstâncias da figura típica, tais como qualificadoras e agravantes genéricas.	Erro sobre a ilicitude do fato. O erro de proibição pode ser definido como a falsa percepção do agente acerca do caráter ilícito do fato típico por ele praticado, de acordo com um juízo profano, isto é, possível de ser alcançado mediante um procedimento de simples esforço de sua consciência. O sujeito conhece a existência da lei penal (presunção legal absoluta), mas desconhece ou interpreta mal seu conteúdo, ou seja, não compreende adequadamente seu caráter ilícito.
Previsão legal: art. 20, caput, do CP	Previsão legal: art. 21, caput, do CP
Ex.: "A" no estacionamento de um shopping, aperta um botão inserido na chave do seu automóvel, com a finalidade de desativar um alarme. Escuta o barulho, abre a porta do carro, coloca a chave na ignição, liga-o e vai para casa. Percebe, posteriormente, que o carro não lhe pertencia, mas foi confundido com outro, de propriedade de terceira pessoa. Nesse caso, "A" não praticou o crime de furto, assim definido: "Subtrair, para si ou para outrem, coisa alheia móvel". Reputava sua a coisa móvel pertencente a outrem.	Ex.: O credor, ao ser avisado que seu devedor está de mudança para outro país, ingressa clandestinamente em sua residência e subtrai bens no valor da dívida, acreditando ser lícito fazer justiça pelas próprias mãos.
Causa: O agente desconhece a situação fática, o que lhe impede o conhecimento de um ou mais elementos do tipo penal. Não sabe o que faz.	Causa: o agente conhece a realidade fática, mas não compreende o caráter ilícito da sua conduta. Sabe o que faz, mas não sabe que viola a lei penal.
Consequência: – Escusável: exclui o dolo e a culpa; e – Inescusável: exclui o dolo, mas permite a punição por crime culposo, se previsto em lei.	Consequência: – Escusável: exclui a culpabilidade; e – Inescusável: não afasta a culpabilidade, mas permite a diminuição de pena de 1/6 a 1/3.

---

1. MASSON, CLEBER. Direito Penal Esquematizado: Parte Geral. Editora Método, São Paulo: 2015, p. 320, 525/529.

ANEXO V[2]

TRÁFICO INTERNACIONAL DE PESSOA PARA FIM DE EXPLORAÇÃO SEXUAL	
PREVISÃO LEGAL	Art. 231, do CP
BEM JURÍDICO	A liberdade pessoal e sexual, bem como a dignidade da pessoa humana, ameaçada ou atingida pela exploração sexual
SUJEITO ATIVO	Qualquer pessoa, cuidando-se de crime comum
SUJEITO PASSIVO	Vítima direta é a pessoa que é encaminhada para a prostituição ou exploração sexual, que poderá ser homem ou mulher
TIPO SUBJETIVO	Dolo, consistente na vontade livre e consciente de realização da conduta descrita
CONSUMAÇÃO	O crime é instantâneo e formal, consumando-se com o ingresso ou a saída da vítima do território nacional, não se exigindo para a consumação, o efetivo exercício da prostituição por parte da vítima
COMPETÊNCIA	Justiça Federal

ANEXO VI

PRAZOS DOS RECURSOS	
RECURSO EM SENTIDO ESTRITO	Interposição: 5 dias (art. 586, do CPP)
	Razões: 2 dias (Art. 588, do CPP)
EMBARGOS DE DECLARAÇÃO	2 dias (art. 382, do CPP)
APELAÇÃO	Interposição: 5 dias (art. 593, do CPP)
	Razões: 8 dias (Art. 600, do CPP)
RECURSO INOMINADO	10 dias (art. 82, §1º, da Lei 9.099/95)
EMBARGOS DE DIVERGÊNCIA	15 dias (art. 29, Lei 8038/90)

---

2. BALTAZAR JUNIOR, José Paulo. Crimes Federais. 9º ed. Editora Saraiva: São Paulo, 2014, p. 247/256.

ANEXO VII

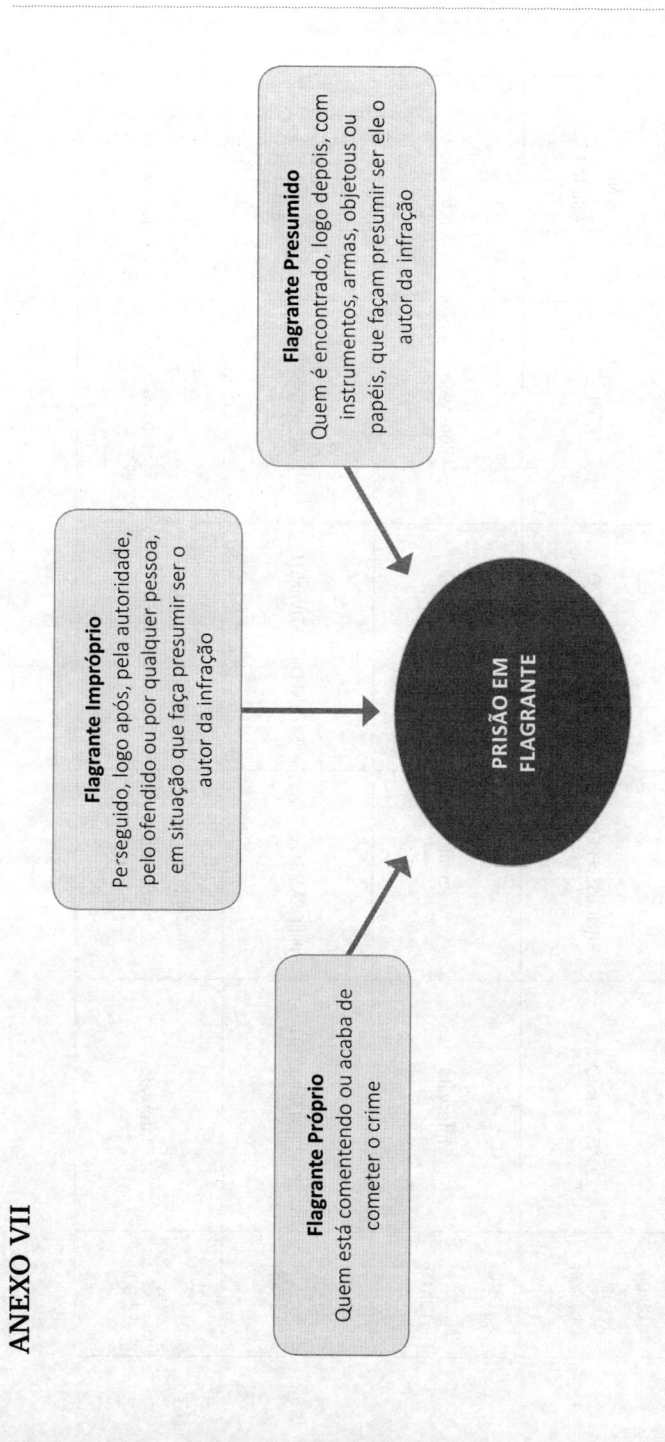

Flagrante Próprio
Quem está cometendo ou acaba de cometer o crime

Flagrante Impróprio
Perseguido, logo após, pela autoridade, pelo ofendido ou por qualquer pessoa, em situação que faça presumir ser o autor da infração

Flagrante Presumido
Quem é encontrado, logo depois, com instrumentos, armas, objetous ou papéis, que façam presumir ser ele o autor da infração

PRISÃO EM FLAGRANTE

CRONOGRAMA VIII

	SEGUNDA	TERÇA	QUARTA	QUINTA	SEXTA
08:00 às 10:00h	CONSTITUCIONAL	PROCESSO PENAL	ADMINISTRATIVO	CIVIL	PENAL MILITAR
10:00 às 10h10	Intervalo	Intervalo	Intervalo	Intervalo	Intervalo
10:10h às 12:00h	INFORMATIVO STJ	INFORMATIVO STJ	STF INFORMATIVO STF	INFORMATIVO STF	P. PENAL MILITAR
12h às 13:00h	Intervalo	Intervalo	Intervalo	Intervalo	Intervalo

	SEGUNDA	TERÇA	QUARTA	QUINTA	SEXTA
13:00h às 15:00h	DIFUSOS E COLETIVOS	PENAL	PROCESSO CIVIL	FILOSOFIA STF	CONSUMIDOR
15:05 às 17:00	PREVIDENCIÁRIO	DIREITOS HUMANOS	EMPRESARIAL	TTRABALHO	ELEITORAL
17:05 às 18:00	PRINCÍPIOS	INTERNACIONAL	TRIBUTÁRIO	P. TRABALHO	SOCIOLOGIA
18:00h às 20:00h	Intervalo	Intervalo	Intervalo	Intervalo	Intervalo
20h às 00:00h	RESPONDER QUESTÕES	RESPONDER QUESTÕES DISCURSIVAS	PEÇA CÍVEL	RESPONDER QUESTÕES	RESPONDER QUESTÕES DISCURSIVAS

	SÁBADO	DOMINGO
08:30 às 10h:30	CIÊNCIA POLÍTICA	RESPONDER QUESTÕES
10h:30 às 10h40	Intervalo	Intervalo
10h:40 às 12h	PRINCÍPIOS	RESPONDER QUESTÕES
12h às 13:30h	Intervalo	Intervalo
13:30h às 17:30h	QUESTÕES DISCURSIVAS	PEÇA PENAL

ANEXO IX

DIFUSOS E COLETIVOS	AÇÃO CIVIL PÚBLICA DIREITOS DIFUSOS, COLETIVOS E INDIVIDUAIS HOMOGÊNEOS
CONSTITUCIONAL	Direitos e Garantias Fundamentais Defensoria Pública Direitos Sociais: Mínimo Existencial X Reserva do Possível Direito ao Esquecimento
ADMINISTRATIVO	Improbidade Poderes Atos Administrativos Responsabilidade
PRINCÍPIOS	Princípios Institucionais Direitos e Garantias Ondas de Acesso à Justiça Orçamento
HUMANOS	Decisões da Corte da Comissão Interamericana de Direitos Humanos Características dos Direitos Humanos Histórico dos Direitos Humanos
PENAL	Teoria Geral da Pena Crimes de Competência da Justiça Federal
PROCESSO PENAL	Ação Penal Competência Nulidades Recursos
PROCESSO CIVIL	Teoria dos Precedentes Recursos
CIVIL	Responsabilidade Civil Posse X Propriedade Teoria do Negócio Jurídico
CONSUMIDOR	Conceito Jurídico de Consumidor e Teorias Fato do Produto X Fato do Serviço
PREVIDENCIÁRIO	Benefícios
TRIBUTÁRIO	Extinção, Exclusão e Suspensão do Crédito Tributário Impostos em Espécies Limitações Constitucionais ao Poder de Tributar

ANEXO X

A título de exemplo, um modelo de resposta discursiva embasado no roteiro descrito, seria assim consubstanciado:

1 – Discorra sobre a delação premiada.

R: A delação premiada tem as suas origens mais remotas na Idade Média, durante o período inquisitório, no qual a confissão poderia ser utilizada como forma de minorar as consequências advindas da conduta ilícita julgada.

No Brasil, a mais remota menção ao instituto se dá nas Ordenações Filipinas, em relação ao delito de Lesa Majestade.

Pode ser conceituada como um benefício concedido ao réu que colabora com a elucidação dos fatos criminosos e contribui para que o Poder Judiciário alcance os demais envolvidos no ilícito.

Tem natureza jurídica de causa de extinção da punibilidade ou causa de diminuição de pena.

Por ter previsão em diversas normas jurídicas, dispõe de requisitos diferenciados para o seu deferimento em cada uma delas.

A título de exemplo, no art. 4°, da Lei n° 12.850/13, dispõe-se que para a concessão de benesses legais, em virtude da colaboração premiada, tais como o perdão judicial e a redução de pena, é necessário o cumprimento de alguns requisitos, não cumulativos, tais como: a prevenção de infrações penais decorrentes de atividades criminosas, a identificação dos demais coautores, bem como outros citados na norma.

Assim sendo, é possível concluir, sem inferir juízos de valor quanto à sua efetividade ou correção, que a delação premiada foi um instrumento jurídico criado com o fim de permitir que inúmeros ilícitos penais e os seus coautores e partícipes fossem descobertos e pudessem responder pelos seus atos.

ANEXO XI

Petição inicial

EXCELENTÍSSIMO (A) SENHOR (A) JUIZ(A) FEDERAL DA ___ª VARA FEDERAL DA SEÇÃO JUDICIÁRIA DO ___

FULANO DE TAL, portador do RG___ e CPF ___, nascido em 10/02/2006, menor, brasileiro, representado nesse ato por sua genitora a Sra. CICLANA DE TAL, RG __ e CPF _____, ambos residentes e domiciliados no endereço _____, por meio da **DEFENSORIA PÚBLICA DA UNIÃO** (instrumento procuratório dispensado nos moldes do art. 44, XI, da LC 80/94), instituição essencial à função jurisdicional do Estado, cujo objetivo é a primazia da dignidade da pessoa humana, bem como a prevalência dos direitos humanos, com fulcro nos arts. 5º, *caput*, 196, *caput*, 227 e seguintes da Constituição Federal de 1988, por seu agente signatário, no uso de suas atribuições constitucionais e legais, vem, respeitosamente, à presença de Vossa Excelência, apresentar, nos termos do art. 319 c/c art. 330, do CPC,

AÇÃO ORDINÁRIA (TRANSFERÊNCIA PARA UNIDADE HOSPITALAR, LEITO E HEMODIÁLISE) COM PEDIDO DE ANTECIPAÇÃO DOS EFEITOS DA TUTELA

em face da **UNIÃO**, pessoa jurídica de direito público interno, CNPJ___, com endereço na rua _____, **ESTADO DE** ____, pessoa jurídica de direito público interno, CNPJ___, com órgão presentante situado à ____, e **MUNICÍPIO DE** _____, pessoa jurídica de direito público interno, CNPJ___, com órgão presentante situado à ____; a serem citados na pessoa dos seus representantes legais, com base nos argumentos fáticos e jurídicos adiante aduzidos.

1 – DO BENEFÍCIO DA JUSTIÇA GRATUITA

FULANO DE TAL não tem condições de arcar com as despesas e custas processuais sem prejuízo de seu sustento e de sua família e, em virtude disso, requer os benefícios da assistência jurídica gratuita, nos termos do art. 98 e ss. do CPC.

2 – DOS FATOS

O menor é portador de anemia falciforme e dilatação do ventrículo esquerdo.

Está internado em hospital particular, há aproximadamente 10 (dez) dias, contudo esse local não detêm os aparelhos necessários para o amparo da saúde da criança.

Assim, precisa de maneira URGENTE de um leito no hospital X, pois apenas neste nosocômio poderá realizar o procedimento de diálise, em virtude de insuficiência renal.

O seu quadro é grave, já tendo sofrido duas paradas cardíacas, em vistas de seu quadro clínico.

Conforme laudos médicos e exames acostados, o infante sofre de crise falcêmica, evoluindo a choque séptico, e insuficiência renal e necessita de transferência para o hospital público X, em caráter de urgência, pois pode evoluir a óbito, de maneira imediata, caso não consiga acesso ao tratamento de hemodiálise, apenas fornecido no nosocômio referido.

Tentou-se de maneira administrativa, a transferência à casa de saúde, entretanto, a informação repassada é que não há disponibilidade de leitos.

Em razão disso, ao autor não resta outra alternativa senão a propositura da presente ação, em regime de urgência, a qual visa prestar especial atenção na promoção e preservação de direitos básicos de pessoa hipervulnerável, requerendo a imediata concessão de tutela de urgência a fim de assegurar a urgente transferência ao hospital público X ou a sua inclusão em Tratamento Fora de Domicílio – TFD, de maneira urgente, caso não haja vagas na unidade de saúde referida.

3 – DO DIREITO

3.1 Preliminar: da legitimidade passiva solidária dos entes federativos.

De início é importante asseverar que não se ignora a descentralização do Sistema Único de Saúde instituída pela Lei ordinária 8.080/90. Contudo, apesar de tal diploma ter indiscutível utilidade administrativa na distribuição das atribuições, a responsabilidade solidária imputada indistintamente ao "Estado" pelo art. 196 da Constituição Federal permanece inalterada.

Desta forma, sempre que a prestação de saúde não for efetivamente cumprida pelo ente federativo ao qual a atribuição legal foi direcionada, o cumprimento desta pode ser exigido de quaisquer dos entes, em virtude da incidência da responsabilidade constitucional solidariamente atribuída.

Neste ensejo, não cumprida a prestação por qualquer dos entes, todos devem ser chamados para responder de maneira solidária, conforme assentado em inúmeros precedentes dos Tribunais Superiores.

3.2 Do direito constitucional à saúde.

O direito à vida, assegurado no art. 5°, *caput*, da Constituição Federal, aos brasileiros e estrangeiros residentes no país, está diretamente relacionado ao direito à saúde, resguardado no art. 6°, bem como no art. 196 da nossa norma superior.

A norma do art. 196 da Constituição Federal, por sua vez, enuncia direito público subjetivo do cidadão, correspondente a um dever jurídico estatal, sendo norma de eficácia plena e aplicabilidade imediata e, portanto, cabe aos poderes públicos a sua aplicação em favor daquele que necessita de cuidados para o seu resguardo.

Ora, os direitos fundamentais à vida e à saúde são direitos subjetivos inalienáveis, constitucionalmente consagrados, cujo primado, num Estado Democrático de Direito como o nosso, que reserva especial proteção à dignidade da pessoa humana, há de superar quaisquer espécies de restrições legais.

Ademais, o direito à saúde é ressaltado ainda no plano internacional, nos termos do art. 25, §1º, da Declaração Universal dos Direitos Humanos, o qual insere o direito à saúde como um dos elementos que integram o piso mínimo existencial, e o Pacto Internacional dos Direitos Econômicos, Sociais e Culturais, em seu art. 12, o qual estabelece, como dever dos Estados-Parte, o reconhecimento do direito de todo cidadão a usufruir dos mais elevados níveis de saúde física e mental.

Assim, face a todos esses fundamentos normativos, que confirmam a indispensabilidade de proteção à saúde, bem como o configuram como dever imposto como prestação positiva ao Estado, a implantação dessa medida de política pública é fundamental, por configurar postulado configurador da dignidade da pessoa humana.

3.3 Considerações acerca da reserva do possível. Prevalência do mínimo existencial.

Em matéria do mínimo existencial, a prioridade é sempre a satisfação do direito a ser protegido, não havendo espaço para ponderações acerca de restrições orçamentárias dos entes públicos no âmbito de políticas públicas.

Isso porque o mínimo existencial é o conjunto de necessidades materiais sem as quais nenhuma pessoa tem condição de deter uma vida minimamente digna. Tratando-se desse núcleo, não há que se falar em ponderação ou princípios, mas em observância da prestação, que assume o caráter impositivo de regra, não sendo a ela oponível o argumento da reserva do possível, fato este corroborado inclusive pela jurisprudência assente do Supremo Tribunal Federal.

Desta forma, no caso concreto, é evidente a conclusão de que o mínimo existencial deve prevalecer ante a suposta reserva do possível, visto que se trata de situação urgente e grave, cujo amparo à saúde é necessário, sob pena de perda de um membro da coletividade, o qual não pode ter o seu direito prestacional negado sob fundamentos apenas de ordem financeira, olvidando-se à dignidade da pessoa humana (art. 5º, III, da CF).

4 – DA TUTELA ANTECIPADA

Na esteira do que preconiza o art. 300 do CPC, temos que: "Art. 300. A tutela de urgência será concedida quando houver elementos que evidenciem a probabilidade do direito e o perigo de dano...".

Diante disso, é possível constatar que tutela de urgência depende da satisfação de dois requisitos: a probabilidade do direito e o risco de dano.

Do contexto fático descrito, é patente o preenchimento de tais requisitos pelo demandante. Senão vejamos.

No tocante à probabilidade do direito, resta comprovado que o requerente está em situação na qual necessita de resguardo dos entes públicos, em atenção ao respeito ao seu direito à saúde (arts. 6º e 196, da CF), necessitando de acesso a tratamento adequado, o qual somente é prestado em hospital público X.

No que tange à possibilidade de ocorrência risco de dano, está evidenciado pelo fato de que o autor corre sério risco de piora em seu quadro clínico, com capacidade de evoluir para óbito, conforme demonstra a documentação médica juntada aos autos.

Ademais, para o resguardo completo dos direitos do infante, faz-se necessária, ainda, a imposição de multa diária, para que a União e os outros entes desde logo providenciem a solução da demanda, de forma a afastar a inércia estatal, nos termos do art.139, IV, do CPC.

E, em caso de descumprimento da decisão, deve-se determinar, ainda, o bloqueio de verbas públicas, nos termos de entendimento preconizado pelo Superior Tribunal de Justiça.

Ressalte-se ser perfeitamente cabível, conforme diretriz jurisprudencial do Supremo Tribunal Federal, no caso vertente, a tutela antecipatória contra a Fazenda Pública, pois a presente lide não se amolda às vedações da Lei nº 9.494/97.

Desta feita, inexistindo óbices legais à concessão da medida pretendida e satisfeitos todos os seus requisitos, premente a sua imediata concessão nos termos acima postulados.

5 – DO PEDIDO

Por todo o exposto, com fundamento no art. 487, inciso I, do Código de Processo Civil, **requer-se**:

a) o recebimento da inicial e a concessão dos benefícios da **Justiça Gratuita**, nos termos do art. 98 e ss. do CPC, assim como a observância das prerrogativas conferidas aos Defensores Públicos Federais, previstas na Lei Complementar 80/1994, em seu art. 44, especialmente quanto à **intimação pessoal** de todos os atos do processo e **contagem em dobro** dos prazos processuais;

b) a concessão de tutela de urgência, sem a oitiva dos demandados, com a fixação de multa diária em caso de descumprimento e ainda com o sequestro de verbas públicas, em resistindo os poderes públicos ao cumprimento da medida antecipatória, para que haja a transferência do infante ao hospital público X para que seja submetido a tratamento de diálise ou, subsidiariamente, a sua inclusão no TFD, com o custeio de todas as despesas, suas e dos familiares que o acompanharem;

c) a citação dos entes demandados, para, querendo, responderem à presente ação;

d) a intimação do membro do *parquet* federal, por se tratar de demanda relacionada aos direitos de pessoa menor;

e) sejam julgados totalmente procedentes os pedidos deduzidos na presente ação, confirmando-se a tutela antecipatória, para que sejam os demandados condenados, em definitivo, a prestar o tratamento de diálise com a transferência do menor ao hospital público X ou, subsidiariamente, que seja incluído em TFD para realizar tratamento em outra unidade da federação, com o custeio de todas as suas despesas e de seus acompanhantes.

f) a condenação dos demandados ao pagamento dos honorários sucumbenciais, nos termos do que dispõe o art. 4°, XXI, da Lei Complementar n°. 80/1994, incluído pela LC n°. 132/2009.

Protesta-se provar o alegado por todos os meios de prova em direito admitidos, notadamente pela juntada posterior de novos documentos.

Atribui-se à causa o valor de ___, para fins fiscais.

Nesses termos, pede e aguarda deferimento.

Local, data.

Defensor Público Federal

Recurso

EXCELENTÍSSIMO SENHOR JUIZ FEDERAL DA ___ DA SEÇÃO JUDICIÁRIA DO ESTADO ___

Processo nº

FULANO DE TAL, já devidamente qualificado nos autos do processo em epígrafe, em que contende com a UNIÃO (FAZENDA NACIONAL), por não se conformar em parte com a respeitável sentença proferida nos autos em epígrafe, vem, respeitosamente, perante Vossa Excelência, pela Defensoria Pública da União, no uso das prerrogativas que lhe confere o art. 44, da LC nº 80/94, interpor

RECURSO DE APELAÇÃO

com fundamento no artigo 1.009 e seguintes do Código de Processo Civil, pelos motivos de fato e de direito expostos nas razões anexas.

Requer seja o presente recurso recebido e conhecido e, após os trâmites legais, sejam os autos encaminhados ao Egrégio Tribunal Regional Federal.

Nesses termos,

Pede deferimento.

Local, data.

Defensor Público Federal

RAZÕES DO RECURSO DE APELAÇÃO

Apelante:

Apelada: UNIÃO (FAZENDA NACIONAL)

Autos do Processo

Egrégio Tribunal,

Colenda Turma,

Ínclitos Julgadores,

1 – DOS FATOS

Foi prolatada sentença que acolheu parcialmente os pedidos da exordial.

Ocorre que houve indeferimento do pedido de fixação de honorários sucumbenciais em favor da DPU, sob o fundamento de aplicação da súmula 421, do Superior Tribunal de Justiça.

Eis o que cabe relatar.

2 – DA TEMPESTIVIDADE

A Lei Complementar n.º 80/94, artigo 44, inciso I, prevê, como prerrogativas dos membros da Defensoria Pública da União, o recebimento de intimação pessoal em qualquer processo e grau de jurisdição e a *contagem em dobro de todos os prazos* processuais.

Tendo em vista que a citação, com a remessa dos autos (Lei Complementar 80, artigo 44, inc. I), ocorreu na seguinte data ___, inicia-se a partir desse período o prazo recursal de 30 (trinta) dias (quinze dias contados em dobro) para interposição da apelação. Desta forma, o prazo para interposição do recurso encerra-se apenas em ____, o que não restou ultrapassado.

3 – DO MÉRITO

O Juízo de 1° grau deixou de condenar o Apelado ao pagamento de honorários sucumbenciais, sob o argumento de que, se a Apelante é patrocinada pela Defensoria Pública da União, aplicar-se-ia a Súmula 421 do STJ.

Ocorre que há um equívoco na aplicação do entendimento sumular ao caso, vez que o posicionamento se refere ao instituto da confusão, este exigindo que se confundam as figuras de credor e devedor (art. 381, do CC), fato não verificado na presente situação.

Isto porque, com a alteração promovida pela Lei Complementar n° 132, de 7 de outubro de 2009, a qual deu nova redação ao art. 4°, inciso XXI, da Lei Complementar n° 80/1994, a Defensoria Pública da União detém o direito de receber verbas sucumbenciais por qualquer ente público. Senão vejamos:

"Art. 4° São funções institucionais da Defensoria Pública, dentre outras:

> XXI – executar e receber as verbas sucumbenciais decorrentes de sua atuação, inclusive quando **devidas por quaisquer entes públicos**, destinando-as a fundos geridos pela Defensoria Pública e destinados, exclusivamente, ao aparelhamento da Defensoria Pública e à capacitação profissional de seus membros e servidores; (Incluído pela Lei Complementar n° 132, de 2009)."

Com esta relevante modificação, não há como entender que o pagamento dos honorários não deve ser feito quando o órgão litigar com a União, vez que a cobrança independe do órgão público com o qual se esteja litigando.

Cumpre ressaltar que tais verbas são revertidas não para o próprio Defensor e sim para o fundo de aperfeiçoamento da Defensoria Pública da União, com o objetivo de permitir um melhor aparelhamento da instituição, além de contribuir na qualidade dos serviços prestados.

Não bastasse isso, a Emenda Constitucional nº 74/2013, ao incluir o §3º, no art. 134 do texto constitucional, concedeu autonomia funcional e administrativa à Defensoria Pública da União, o que foi reforçado com a decisão do STF na medida cautelar ADIN 5296.

Neste bojo, reconhecer que a União não pode ser responsável pelo pagamento de verbas sucumbenciais é o mesmo que negar a autonomia institucional, hipótese que contraria todo o ordenamento jurídico, bem como julgamento recente do Supremo Tribunal Federal.

Diante disso, não há que se falar em confusão entre os recursos destinados ao aperfeiçoamento da DPU e aqueles pertencentes à União, pois de fontes geradoras distintas, não se aplicando, portanto, a súmula 421 do STJ ao caso.

4 – DO PEDIDO

Ante o exposto, requer-se que seja o presente recurso recebido e provido, para reformar em parte a sentença proferida, a fim de que seja o Apelado condenado a pagar honorários sucumbenciais a DPU.

Nesses termos,

Pede deferimento.

Local, data.

Defensor Público Federal

ANEXO XII

Alegações finais (memoriais)

EXCELENTÍSSIMO JUÍZO FEDERAL DA ___VARA FEDERAL CRIMINAL DA SEÇÃO JUDICIÁRIA DE ___

Processo n°

FULANO DE TAL, já qualificado nos autos da ação penal, vem, perante Vossa Excelência, por intermédio da Defensoria Pública da União, no uso das prerrogativas que lhe confere o art. 44, da Lei Complementar n° 80/94, apresentar **ALEGAÇÕES FINAIS**, nos termos do art. 403, §3° do Código de Processo Penal, pelos motivos de fato e de direito a seguir expostos.

1 – DO BENEFÍCIO DA JUSTIÇA GRATUITA

FULANO DE TAL não tem condições de arcar com as despesas e custas processuais sem prejuízo de seu sustento e de sua família e, em virtude disso, requer os benefícios da assistência jurídica gratuita, nos termos do art. 98 e ss. do CPC.

2 – DOS FATOS

Na data de 10.02.2002, FULANO DE TAL subtraiu a quantia de R$ 300,00 (trezentos reais) dos Correios da cidade de __, mediante o emprego de grave ameaça pela utilização de arma de brinquedo.

Após a subtração, o sujeito ativo foi perseguido pela polícia, que conseguiu recuperar os valores.

O MPF, em virtude de tais fatos, apresentou denúncia na data de 11.02.2012, pela prática do crime previsto no art. 157, *caput*, do CP.

O juízo recebeu a denúncia em 12.02.2012.

Resposta à acusação apresentada, na qual se informou que o réu era primário e tinha bons antecedentes.

Ratificação do recebimento da denúncia.

Alegações finais pelo *parquet* federal, corroborando os termos da peça acusatória.

Os autos vieram a DPU para apresentar memoriais.

Eis o que cabia relatar.

3 – PREJUDICIAL DE MÉRITO – PRESCRIÇÃO

Tendo em vista a primariedade e os bons antecedentes, é certo que o réu seria apenado com a pena mínima de 4 anos (art. 157, *caput*, do CP).

Sendo assim, apesar dos Tribunais Superiores, inclusive com entendimento sumulado, não aplicarem a prescrição em perspectiva, o instituto deve ser aplicado no presente caso, por medida de economia processual.

Assim, aplicando o art. 109, IV, do CP, o crime prescreveria em 8 anos, prazo este já ultrapassado, o que impõe o reconhecimento da causa extintiva de punibilidade prevista no art. 107, IV.

4 – PRELIMINAR – CERCEAMENTO DE DEFESA

Subsidiariamente, caso não se acolha o pleito acima vergastado, importante colimar que houve cerceamento de defesa.

Em resposta à acusação, foi solicitada a oitiva da testemunha em outro Estado da Federação, o que foi indeferido sob o argumento de que haveria gastos desnecessários para a realização do ato.

É certo que a negativa prejudicou o exercício da defesa (art. 5°, LV, da CF), violando a garantia de ampla defesa e causando danos ao réu.

Assim, deve ser reconhecida a nulidade e anulada a instrução, devendo outra ser realizada com a participação da testemunha de defesa necessária à elucidação do feito.

5 – MÉRITO

5.1 – Princípio da Insignificância

No mérito, pugna-se pela absolvição do réu, em virtude da aplicação do princípio da insignificância.

É certo que esse instituto não vem sendo reconhecido pelos Tribunais Superiores ao crime de roubo, ocorre que todos os requisitos para a sua incidência estão preenchidos, motivo pelo qual deve ser reconhecida a aplicação, com a consequente atipicidade material da conduta.

5.2 – Princípio Bagatelar Impróprio

Caso se entenda pela tipicidade dos fatos, é certo que há desnecessidade de aplicação da pena.

Nesse escopo, é possível verificar que o réu é primário, possui bons antecedentes e a quantia subtraída foi de pequena monta, a qual inclusive foi restituída.

Diante disso, é certo o reconhecimento da incidência do princípio bagatelar impróprio, pois apesar de o fato ser típico, antijurídico e com culpabilidade verificada, é certo haver uma desnecessidade de aplicação da pena, seja pelas circunstâncias pessoais, seja pelo pequeno valor da infração, podendo o réu ser abarcado por medidas despenalizadoras de política criminal.

5.3 – Tentativa

Subsidiariamente, caso não reconhecida a aplicação do princípio da insignificância ou do princípio bagatelar impróprio, mister constatar que se crime ocorreu, este sequer restou consumado.

Não se desconhece que pela aplicação da teoria da *amotio*, adotada pelo STJ e pelo STF, a qual sustenta que a simples posse da coisa já faz com que o crime de roubo reste consumado, contudo, não se concorda com a sua aplicação.

Ora, se o agente sequer teve a posse pacífica do bem, não há que se falar em consumação, mas em tentativa, incidindo essa causa de diminuição de pena em seu patamar máximo de 2/3.

5.4 – Pena Mínima

Em decorrência do princípio da eventualidade, não sendo acatadas quaisquer das fundamentações acima exaradas, entende-se que a aplicação da pena deve ser estabelecida no mínimo legal, em virtude de todas as circunstâncias serem favoráveis ao réu, bem como não existirem atenuantes/agravantes ou causas de diminuição/aumento de pena.

6 – PEDIDO

Ante o exposto, requer-se:

a) A concessão do benefício da justiça gratuita, nos termos do art. 98 e seguintes do NCPC;

b) O respeito às prerrogativas dos Defensores Públicos Federais, previstas no art. 44, da LC 80/94, em especial o prazo em dobro e a intimação pessoal;

c) A absolvição do réu, em virtude do reconhecimento da prescrição, conforme art. 107, IV, c/c art. 109, IV, todos do CP;

d) Em sede preliminar, que seja reconhecida a nulidade da instrução pelo cerceamento de defesa;

e) No mérito, haja a absolvição pela incidência do princípio da insignificância ou ainda pelo princípio bagatelar impróprio. Alternativamente, em caso de condenação, seja aplicada a causa de diminuição de pena pela tentativa, no patamar de 2/3 (ART. 157, *caput,* c/c art. 14, II, do CP) ou, subsidiariamente, que seja imposta a pena mínima ao réu.

Nesses termos, pede deferimento.

Local, data.

Defensor Público Federal

Recurso

EXCELENTÍSSIMO SENHOR JUIZ FEDERAL DA ___ VARA CRIMINAL DA SEÇÃO JUDICIÁRIA DO ESTADO ___.

Ref. Ação Penal n°.

A DEFENSORIA PÚBLICA DA UNIÃO, instituição essencial à função jurisdicional do Estado, por intermédio da Defensora Público Federal signatária, no uso das prerrogativas que lhe confere o art. 44, da LC n° 80/94, atuando na defesa de FULANO DE TAL vem, com fulcro no art. 593 e ss. do CPP, interpor **RECURSO DE APELAÇÃO**, requerendo seja recebido e, após as formalidades legais, sejam os autos, com as razões anexas, encaminhados para o Egrégio Tribunal Regional Federal, para o seu regular processamento e julgamento.

Termos em que, pede deferimento.

Local, data.

Defensora Pública Federal

RAZÕES DE APELAÇÃO

Proc. n°

Recorrente:

Recorrido:

1 – DO BENEFÍCIO DA JUSTIÇA GRATUITA

FULANO DE TAL não tem condições de arcar com as despesas e custas processuais sem prejuízo de seu sustento e de sua família e, em virtude disso, requer os benefícios da assistência jurídica gratuita, nos termos do art. 98 e ss. do CPC.

2 – DOS FATOS

O Ministério Público Federal ofereceu denúncia atribuindo a FULANO DE TAL a prática do delito tipificado no art. 171, § 3°, do Código Penal Brasileiro, ao argumento de que o apelante teria recebido indevidamente 04 (quatro) parcelas do seguro-defeso (entre 15/04/2009 e 07/05/2009), ao tempo que possuía vínculo laboral com a Empresa X, no valor de R$__.

O Juízo *a quo* julgou procedente o pedido constante na inicial acusatória e condenou o acusado fixando a pena-base em 01 (um) ano de reclusão e ao pagamento de 10 (dez) dias-multa. E em razão da majorante do § 3° do artigo 171, a pena foi elevada em 1/3, tornando-se definitiva em 01 (um) ano e 04 (quatro) meses de reclusão, bem como 13 (treze) dias-multa, em regime inicial aberto.

A pena privativa de liberdade foi substituída, com base nos arts. 43 e 44, § 2° do CP, por uma pena restritiva de direito e por outra de multa.

Inconformada com a referida sentença, a DPU interpõe o presente recurso de apelação.

Eis o relato dos fatos.

3 – MÉRITO

DO PRINCÍPIO DA INSIGNIFICÂNCIA

Segundo consta da denúncia, os saques indevidos do benefício de seguro-defeso perfizeram o total de R$ ____.

Nesse ponto, vale esclarecer que se trata de débito cujo sujeito passivo é a União Federal na figura do Ministério do Trabalho e Emprego. Esclarece-se isso porque a Lei nº 11.457/2007 instituiu a Receita Federal do Brasil e, assim, unificou a arrecadação das contribuições destinadas à Seguridade Social e dos demais tributos federais.

O propósito do esclarecimento acima reside em demonstrar que o tratamento dispensado à arrecadação e recuperação de créditos tributários da União deve ser igualmente conferido aos créditos referentes às contribuições que custeiam a seguridade social. Inclusive, portanto, o benefício de seguro-defeso destinado a pescadores artesanais nos períodos em que a pesca fica proibida.

Portanto, analogamente, é possível concluir que o benefício de seguro-defeso assemelha-se aos benefícios concedidos pelo INSS.

Logo, se o sujeito passivo do caso em tela é a União Federal, passando agora para uma análise da tipicidade, sobre o prisma da lesividade material, deve ser considerada a repercussão ao sistema financeiro.

Então vejamos, o suposto prejuízo causado ao erário pela obtenção indevida do benefício seguro-defeso atingiu a quantia de R$____, repercutindo aos cofres públicos ofensa de insignificante intensidade. Portanto, não vislumbro, no caso concreto, o abalo necessário ao sistema financeiro.

Oportuno colacionar que, à primeira vista, o fato formalmente se amolda a figura típica descrita no artigo 171, § 3º, do Código Penal, o que, contudo, não basta para que se permita a atuação severa do Estado Juiz, uma vez que, materialmente, a sua repercussão foi ínfima.

Assim, deve-se atentar que o estelionato, crime que recai contra o patrimônio, pode ser considerado delito de bagatela quando o dano resultante da infração não causa impacto no objeto jurídico do tipo penal, em razão da ínfima lesão causada, sendo necessária a incidência do princípio da insignificância, isso porque a aplicação do direito deve se dar de maneira equânime e coerente.

Vale sublinhar que, o apelante recebeu indevidamente 04 (quatro) parcelas do seguro defeso. E é com base nesse valor, em comparação com os parâmetros definidos em lei, que se deve avaliar a insignificância da lesão ao bem jurídico protegido.

Ao mesmo tempo, cumpre destacar o que dispõe o art. 20 da Lei nº 10.522/2002, *in verbis*:

"Art. 20. Serão arquivados, sem baixa na distribuição, mediante requerimento do Procurador da Fazenda Nacional, os autos das execuções fiscais de débitos inscritos como Dívida Ativa da União pela Procuradoria-Geral da Fazenda Nacional ou por ela cobrados, de valor consolidado igual ou inferior a R$ 10.000,00 (dez mil reais)."

Ademais disso, a Portaria Conjunta nº 193, de 10 de junho de 2014, da Advocacia Geral da União, dispõe que:

Os órgãos da Procuradoria-Geral Federal ficam autorizados a não propor ações, a não interpor recursos, assim como a desistir das ações e dos respectivos recursos, quando o valor total atualizado do crédito decorrente do pagamento indevido de benefícios previdenciários ou assistenciais, relativos a um mesmo devedor, for igual ou inferior a R$ 10.000,00 (dez mil reais).

Desta maneira, aplicando-se as disposições acima vergastadas de maneira analógica ao caso, não há como deixar de reconhecer o princípio da insignificância, quando o órgão responsável por zelar pelos interesses da União e, por ricochete, de toda a coletividade, demonstra a desnecessidade de cobrança de valores inferiores a R$ 10.000,00 (dez mil reais).

Não bastasse isso, verifica-se o artigo 1°, da Portaria n° 75/2012 do Ministério da Fazenda, o qual atualizou o referido valor do artigo 20 da Lei n°. 10.552/2002 para abranger a quantia de R$ 20.000,00 (vinte mil reais).

Portanto, os Tribunais Superiores, com exceção do STJ, acompanhados pela doutrina, vêm entendendo que, em se tratando de crime contra a ordem tributária cujo montante sonegado não ultrapasse R$ 20.000,00 (vinte e mil reais), a conduta, embora a priori se adeque à descrição fática da norma, não seria materialmente típica.

Diante do exposto, não há racionalidade jurídica em dar tratamento desigual ao presente caso e se decretar a condenação do assistido por ser manifesta a ausência de tipicidade material de sua conduta, com fulcro no art. 386, inc. III, do Código Processo Penal.

4. PEDIDO

Ante todo o exposto, a Defensoria Pública da União requer:

a) Que sejam observadas as prerrogativas da DPU, contidas no art. 44, da LC n° 80/94, dentre elas, a intimação pessoal e o prazo em dobro, bem como seja deferido o benefício da justiça gratuita;

b) A absolvição do apelante, nos termos do art. 386, III do CPP, por força da aplicação do princípio da insignificância;

Termos em que, pede deferimento.

Local, data.

Defensor Público Federal

ANEXO XIII

Como sugestão de bibliografia para a oral, indico:

DIFUSOS E COLETIVOS	INTERESSES DIFUSOS E COLETIVOS – Adriano Andrade, Cleber Masson e Landolfo Andrade
CONSTITUCIONAL	Na parte de direitos e garantias fundamentais – o livro CURSO DE DIREITO CONSTITUCIONAL – Gilmar Mendes, Paulo Gustavo Gonet Branco e Inocêncio Mártires Coelho Aos demais assuntos – DIREITO CONSTITUCIONAL ESQUEMATIZADO – Pedro Lenza
ADMINISTRATIVO	DIREITO ADMINISTRATIVO – Maria Sylvia Zanella di Pietro ou DIREITO ADMINISTRATIVO DESCOMPLICADO – Marcelo Alexandrino e Vicente Paulo
PRINCÍPIOS	Nesta matéria, basta a leitura da norma jurídica, contudo, se o candidato quiser uma sugestão bibliográfica, indico o livro PRINCÍPIOS INSTITUCIONAIS DA DEFENSORIA PÚBLICA – Diogo Esteves e Franklyn Roger Alves Silva
HUMANOS	Para o tema de decisões da corte e da comissão interamericana de direitos humanos – o livro JURISPRUDÊNCIA INTERNACIONAL DE DIREITOS HUMANOS – Caio Paiva e Thimotie Aragon Heemann Aos demais temas – CURSO DE DIREITOS HUMANOS – André de Carvalho Ramos
PENAL	MANUAL DE DIREITO PENAL (parte geral e parte especial) – Rogério Sanches Cunha ou a coleção de DIREITO PENAL ESQUEMATIZADO – Cleber Masson
PROCESSO PENAL	DIREITO PROCESSUAL PENAL ESQUEMATIZADO – Victor Eduardo Rios Gonçalves e Alexandre Cebrian Araújo Reis ou CURSO DE DIREITO PROCESSUAL PENAL – Nestor Távora e Rosmar Rodrigues Alencar

PROCESSO CIVIL	DIREITO PROCESSUAL CIVIL ESQUEMATIZADO – Marcus Vinicius Rios Gonçalves
CIVIL	MANUAL DE DIREITO CIVIL – Flávio Tartuce
CONSUMIDOR	DIREITO DO CONSUMIDOR (Coleção Leis Especiais) – Leonardo Garcia de Medeiros
INTERNACIONAL	DIREITO INTERNACIONAL PÚBLICO E PRIVADO – Paulo Henrique Gonçalves Portela
PREVIDENCIÁRIO	SINOPSE DE DIREITO PREVIDENCIÁRIO – FREDERICO AMADO ou DIREITO PROCESSUAL PREVIDENCIÁRIO – José Antônio Savaris
TRABALHO/PROCESSO DO TRABALHO	Na minha prova oral foi suficiente o estudo da lei seca, súmulas e OJ's, mas como indicação de livro, tenho: DIREITO DO TRABALHO ESQUEMATIZADO – Ricardo Resende Dias e CURSO DE DIREITO PROCESSUAL DO TRABALHO – José Cairo Jr.
JURISPRUDÊNCIA	DIZER O DIREITO: JULGADOS COMENTADOS – Márcio André Lopes Cavalcante e INFORMATIVOS EM FRASES – Mila Gouveia

ANEXO XIV

12 DA SINDICÂNCIA DE VIDA PREGRESSA E APURAÇÃO DOS DEMAIS REQUISITOS PESSOAIS 12.1 Serão convocados para a sindicância de vida pregressa e apuração dos demais requisitos pessoais os candidatos aprovados nas provas orais. 12.1.1 Os candidatos não convocados para a sindicância de vida pregressa e apuração dos demais requisitos pessoais serão eliminados e não terão classificação alguma no concurso. 12.1.2 Serão eliminados e não terão classificação alguma no concurso os candidatos que não entregarem os documentos referentes à sindicância de vida pregressa e apuração dos demais requisitos pessoais os títulos na forma, no prazo, no horário e no local estipulados no edital de convocação para a fase. 12.2 A sindicância de vida pregressa e a apuração dos demais requisitos pessoais serão realizadas pela Corregedoria-Geral da DPU. 12.3 Os documentos relativos à sindicância de vida pregressa e à apuração dos demais requisitos pessoais serão dirigidos à Comissão Organizadora, mediante formulário a ser fornecido no momento da entrega da documentação, que deverá ser subscrito pelo próprio candidato ou por procurador com poderes específicos e instrumento de mandato com firma reconhecida. 12.4 Na quinta fase do Concurso, o candidato deverá comprovar: a) que é brasileiro, mediante cópia autenticada da certidão de nascimento ou casamento, ou português em gozo dos benefícios de que trata o § 1º do art. 12 da Constituição da República, incluídos direitos políticos, mediante cópia autenticada do certificado de igualdade de direitos b) o estado civil, mediante cópia autenticada da certidão de nascimento ou casamento; c) todos os domicílios nos últimos cinco anos, mediante simples declaração; 21 d) que está quite com as obrigações eleitorais, mediante certidão de quitação emitida pela Justiça Eleitoral; e) que está quite com as obrigações de serviço militar, se for o caso, mediante cópia autenticada do certificado de alistamento, de reservista, de dispensa ou de isenção; f) mediante declaração,

que possui ou não antecedentes criminais, a ser fornecida no momento da entrega da documentação e a ser subscrita pelo próprio candidato ou por procurador com poderes específicos e instrumento de mandato com firma reconhecida e, cumulativamente, entregar certidões da justiça federal, militar da União, eleitoral e estadual e das auditorias militares estaduais, Polícia Federal e Polícia Civil, relativas à distribuição de inquéritos e ações penais, sendo dispensada a certidão da auditoria militar estadual, caso haja menção expressa da negativa de distribuição de feitos de tal espécie na certidão geral da justiça estadual; g) que é bacharel em Direito, mediante cópia autenticada do diploma devidamente registrado ou documento equivalente; h) que está inscrito na OAB, mediante cópia autenticada da carteira de advogado ou certidão emitida pelo órgão, ressalvada a situação dos candidatos que exerçam atividade incompatível com a advocacia; i) a prática de três anos de atividade jurídica; j) o histórico funcional no exercício de cargo ou emprego públicos, da advocacia, de estágio na Defensoria Pública e de magistério superior em Direito em instituição de ensino oficial ou reconhecida, mediante certidão da OAB em que está inscrito, do órgão público ao qual esteja ou tenha sido vinculado e(ou) da instituição de ensino, conforme o caso. 12.5 Considera-se atividade jurídica, para fins de ingresso na carreira de Defensor Público Federal: a) o efetivo exercício de advocacia, inclusive a voluntária; b) o efetivo exercício de cargo, emprego ou função, inclusive de magistério superior, privativo de bacharel em Direito ou que exija a utilização preponderante de conhecimentos jurídicos; c) o exercício da função de conciliador em tribunais judiciais, juizados especiais, varas especiais ou em anexos de juizados especiais ou de varas judiciais; d) o exercício da atividade de mediação ou de arbitragem na composição de litígios; e) o serviço voluntário prestado à Defensoria Pública. 12.5.1 As atividades enumeradas no subitem 12.5 deste edital, para fins de cômputo do prazo de três anos, devem ser exercidas por bacharéis em Direito, desprezando-se qualquer fração de tempo referente à atividade exercida antes da obtenção do grau de bacharel. 12.5.2 O termo inicial do cômputo do tempo de atividade jurídica a que se refere o subitem 12.5.1 deste edital poderá ser a data de conclusão do curso de Direito, desde que comprovada mediante certidão ou declaração circunstanciada da instituição de ensino superior, a qual será acompanhada de histórico acadêmico, indicação do ato que autorizou a instituição de ensino a oferecer o curso de Direito e previsão da data de colação de grau. 12.6 As certidões a que se refere a alínea "f" do subitem 12.4 deste edital deverão ser requeridas aos distribuidores e às autoridades policiais de todos os domicílios declarados pelo candidato e, em todos os casos, deverão abranger os cinco anos imediatamente anteriores à data final de entrega da documentação referente à fase. 12.7 A certidão ou declaração que substituir o diploma exigido pela alínea "g" do subitem 12.4 deste edital deverá especificar o ano da colação de grau e o ato que autorizou a instituição de ensino a oferecer o curso de Direito. 12.8 Para fins do disposto na alínea "i" do subitem 12.4 deste edital, o candidato devera entregar a seguinte documentação: 22 a) para a comprovação de cada período de um ano de atividade jurídica decorrente da militância na advocacia, cópias de, no mínimo, cinco trabalhos forenses efetivamente protocolados, com prova de autoria, sendo que, em caso de sustentação oral, a comprovação far-se-á através de certidão do cartório do tribunal e(ou) por cópias da imprensa oficial com menção do nome do candidato junto ao da parte; b) para a comprovação de atividade jurídica decorrente do desempenho das atribuições de cargo, função ou emprego público reservados a bacharel em Direito, certidão do órgão público que especifique o vínculo e confirme a exigência do bacharelado em Direito, apontando o dispositivo legal pertinente; c) para a comprovação de atividade jurídica decorrente do desempenho de atividades não reservadas a bacharel em Direito, mas eminentemente jurídicas, certidão do órgão público que especifique o vínculo e indique, pormenorizadamente, os atos praticados de forma reiterada pelo candidato que exijam preponderante conhecimento jurídico. 12.9 Caso qualquer dos documentos a que se referem as alíneas "f" e "h" do subitem 12.4 deste edital registrem a existência de antecedente criminal, inquérito ou ação penal em curso, penalidade administrativa ou má conduta pessoal ou profissional, caberá ao candidato oferecer esclarecimentos sobre as ocorrências verificadas, no momento da entrega da documentação. 12.10 O candidato que não cumprir com os requisitos constantes das alíneas "a", "g" e "i" do subitem 12.4 deste edital deverá declarar-se ciente de que tais requisitos deverão ser preenchidos até a data da posse, sob pena de eliminação. 12.11 A Corregedoria-Geral da DPU poderá ordenar as diligências que reputar necessárias. 12.11.1 A entrega da documentação, para fins de sindicância de vida pregressa e apuração dos demais requisitos pessoais, implica a concordância do candidato com a realização de diligências previstas no subitem 12.11 deste edital. 12.12 Demais informações a respeito da sindicância de vida pregressa e apuração dos demais requisitos pessoais constarão de edital de convocação para essa fase.

Anotações

EDITORA *jus*PODIVM
www.editorajuspodivm.com.br

mark press
BRASIL
TEL.: (11) 2225-8383
WWW.MARKPRESS.COM.BR